지혜의 소금창고

지혜의 소금창고

김태광 지음

징검다리

◆ 작가의 말

마음으로 꾹꾹 눌러쓴 이야기

    길가에 어린아이 하나가 입에 풍선을 물고 힘껏 불고 있었습니다. 풍선은 조금씩 부풀더니, 어느새 아이의 머리만큼 커졌지요. 그러나 아이는 풍선을 더 크게 만들기 위해 더 세게 불어댔습니다. 잠시 후 풍선은 '펑' 하는 소리와 함께 터지고 말았지요.

    나는 길을 가다 멈춰 서서 터져 버린 풍선을 보며 생각에 잠겼습니다. 그동안 내가 걸어 왔던 길이 부끄럽지 않았다고 떳떳하게 말할 수 있을까, 하는 생각. 그러나 아무리 변명거리를 찾아보았지만, 자꾸만 길가에 버려진 풍선에 눈길이 가 닿았습니다. 순간 나의 마음은 발가벗겨진 듯 초라하고 한없이 부끄러울 따름이었지요.

    그렇습니다. 나의 마음속에는 '남을 위한 사랑' 보다는 '나를 위한 사랑'으로 가득했습니다. 때문에 언제나 다른 사람의 따뜻한 마음이나 사랑이 들어올 리 없었지요. 그러나 나는 항상 이런 나 자신을 돌이켜보기는커녕 '왜, 자꾸만 사람들은 나와 멀어질까?' '왜, 내 마음을 이해해주지 못할까?' 하는 이런 이기적인 생각에 빠져 있었습니다.

　나는 많은 시간이 흐른 뒤에야 조금씩 깨달았습니다. 세상에서 진정 사랑 받기 위해서는, 행복하기 위해서는 '나'보다는 먼저 '남'을 배려하고 아껴주는 마음을 지녀야 한다는 것을…….

　이 세상은 나 혼자가 아닌 가족, 친구, 동료 등 많은 사람들과 부대끼며 살아가는 아름다운 공간입니다. 서로 아끼고 사랑할 때, 꽃향기보다 더 아름다운 사람냄새가 행복으로 번져나겠지요.

　오늘은 밤하늘의 별이 유난히도 반짝입니다. 아무도 자신을 알아주는 이 없어도 묵묵히 세상에 빛을 전하는 별은 사랑과 행복의 전령사 같다는 생각이 듭니다.

　올해도 사랑과 행복을 전하고픈 마음으로 꾹꾹 눌러쓴 이야기를 감히 세상에 내놓습니다. 이 책이 갈수록 치열해지고 각박해지는 세상에 밤 하늘의 저 별과 같은 따스함으로 많은 이들의 마음을 따뜻하게 데워주었으면 좋겠습니다.

　　　　　　　　　　　　　　작업실에서 김태광

차례

작가의 말 | 04

사소함으로 행복을 얻는 지혜 | 08

사람냄새 나는 삶 | 용기를 주는 말 | 다정한 미소 |
웃으면 복이 와요 | 언행일치 | 벽돌을 쌓는 마음으로 |
험난한 이 세상을 살아가자면 | 사소함이 주는 행복 |
사랑이 필요한 시기입니다 | 화려한 조연 |
지금 이 순간이 가장 중요합니다 | 유쾌한 이야기 | 순수한 마음 |
따뜻한 말 한 마디 | 우정을 지키는 것은 | 사랑한다는 말보다는 |
누구에나 공평한 시간 | 여유를 잃지 않는 마음 |

긍정적인 자세로 세상을 보는 지혜 | 62

비판과 충고의 차이 | 자신의 잘못을 시인하는 것 | 자제력이 주는 미덕 |
먼 훗날을 위해 달리다 | 신이 주신 선물 | 여럿이 함께 사는 세상 |
인생은 짧다 | 내 안의 적, 불안 | 기쁨과 행복은 | 부메랑 같은 믿음 |
나눌수록 커지는 사랑 | 소크라테스의 지혜 |
두려움은 자신감을 무서워한다 | 긍정적인 생각 | 성공을 향한 습관 |
행복은 마음의 비움에서 | 상상력 | 가슴이 따뜻한 사람 |

잠시 쉬었다 가는 지혜 | 116

마크트웨인의 아내 사랑 | 내면과 외양 | 성공의 계단 |
고개를 숙일 줄 아는 겸손 | 입장을 바꿔 생각해 보면 |
행복의 씨앗을 파는 가게 | 가장 소중한 것 | 운명은 노력하는 사람의 편 |
포기하지 말라 | 시련은 인생의 비타민 | 고생은 인생을 향기롭게 한다 |
운명의 주인은 바로 나 | 인생의 지름길 | 보이지 않는 마음 |
진정한 용기 | 인생의 북극성 | 기회를 보는 눈 | 살아가다 보면 |

더불어 함께 사는 지혜 | 166

돈으로 살 수 없는 99% | 가슴과 머리 | 내면의 거울 |
자기 자신을 사랑한다면 | 정의로운 사람은 싸움도 잘한다? |
마음속은 언제나 맑음 | 기회는 생활 속에 있다 | 왕과 왕비 |
아름다운 사랑 | 작은 행복 | 마음으로 실천하는 사랑 | 사랑의 힘 |
사람을 움직이는 힘 | 마음의 눈 | 쉽게 저지르는 잘못 | 넉넉한 마음 |
끝없는 사랑 | 행복했던 순간을 떠올리며 |

사소함으로 행복을 얻는 지혜

사소함으로 행복을 얻는 지혜

사람냄새 나는 삶

　데오도어 루즈벨트 대통령은 매우 위대한 대통령으로 기억되고 있습니다.
　어느 날 백악관의 시종인 제임스 아모스의 아내가 우연히 대통령과 대화를 하다가 자기는 메추라기를 한번도 본적이 없다고 말했습니다. 그러자 루즈벨트 대통령은 그녀를 위하여 메추라기에 대해 아주 자세히 설명을 해주었습니다.
　어느 날 밤이 깊어 갈 무렵, 이 시종인 제임스 아모스의 집으로 전화가 왔습니다. 대통령의 긴급한 전화임을 안 그는 매우 긴장하여 급하게 전화를 받았습니다.
　"아, 자넨가. 지금 백악관 정원에 메추라기가 앉아 있으니 어서 부인과 함께 나가보게. 아, 글쎄 자네 부인이 메추라기를 본 적이 없다고 하지 않았는가."
　짧은 말을 남기고 루즈벨트 대통령은 전화를 끊었습니다. 그리고 시간이 흘러서 루즈벨트 대통령이 대통령 직에서 물러난 뒤, 민간인의 자격으로 백악관에 들른 적이 있었습니다. 백악관 뜰을 거닐며 옛날에 데리고 있었던 정원사며 청소부와 마주칠 때마다, 그는 그들의 이름을 부르며 반가워했습니다.

특히 주방 하녀인 앨리스를 만났을 때, 그녀에게 물었습니다.

"앨리스, 아직도 옥수수 빵을 만드는가?"

그러자 그녀는 하인들을 위해서만 만들지 요즘은 윗분들은 드시지 않는다고 말했습니다.

"아니 이런. 그 사람들은 진짜 맛을 모르는군. 내가 태프트 대통령을 만나면 말해주지. 그리고 자네가 만든 옥수수 빵이 있으면 몇 개 주겠나, 앨리스?"

그는 그 빵을 받아들고는 천천히 먹으며 말했습니다.

"앨리스, 난 자네가 이 세상에서 빵을 가장 맛있게 만든다고 말하고 싶네. 수고하게."

사람의 인격은 그가 지닌 지위보다 더 높아야 합니다. 열정에 들떠 자제력을 잃거나 권위를 앞세워 관대함을 저버리지 말아야 합니다. 지위가 높아질수록 자신을 대단히 여겨 거만해지는 경우가 있습니다. 직위나 권위는 겉으로 드러내 보여지는 우월함이지만 인격이 따르는 예는 드뭅니다. 명성은 존경과 사랑을 동시에 받을 때만 가능합니다. 위대한 아우구스투스 황제도 군주로서의 지위보다는 인간됨이 더 훌륭함을 자신의 영예로 여겼습니다.

루즈벨트 대통령 또한 직위를 넘어서 친절을 베풀 줄 아는 따뜻한 사람이었습니다. 몸에 밴 정중함과, 거짓 미소나 연기가 아닌 친절함으로 모든 사람을 평등하게 대하고 존중해 주었습니다. 친절은 주는 것으로만 그치지 않습니다. 상대방은 받은 것을 무엇보다 소중히 여기며 끝없이 감사의 마음을 가지게 되지요. 그리고 나아가 존중과 예의를 갖춰 대하게 됨을 잊지 말아야 하겠습니다.

용기를 주는 말

미국의 유명한 신학자 노만 빈센트 필 목사는 대학 졸업을 하루 앞둔 날, 평생 잊지 못할 경험을 했습니다.

그 일은 졸업생을 위한 환송 파티를 마치고 돌아오는 길에 우연히, 대학총장인 존 호프만 교수와 함께 길을 걷게 된 데서 비롯된 일이었습니다. 이런저런 이야기를 나누다가 총장 사택 앞에 이르렀을 때였습니다.

총장은 필 목사의 어깨에 손을 얹더니 이렇게 말하는 것이었습니다.

"여보게! 나는 자네를 참으로 좋아하네. 그래서 평소에 눈여겨보았는데, 자네는 참으로 소질이 많은 사람이야. 장차 큰 인물이 될 걸세. 내 말을 명심하게."

필 목사는 집으로 돌아오는 길에 총장의 말을 머리에 되뇌었습니다. 대학졸업을 앞둔 마당에 총장으로부터 그러한 칭찬을 들었으니 그 기쁨은 말로 표현할 수 없는 것이었습니다.

그는 그 날뿐 아니라 평생토록 총장의 말을 간직했고, 또

그러한 인물이 되고자 매사에 최선을 다했습니다. 한 마디의 격려가 그의 일생을 이끌었던 것입니다.

 힘이 되는 말 한마디에 사람의 인생이 달라지는 예를 많이 봅니다. 선생님으로부터 칭찬받은 단 한마디의 말이 가슴에 새겨져 힘이 되었다는 사람들이 많습니다. 또는 부모님이 해주신 힘이 되는 말 한마디, 주위의 관심 하나로 어려운 시기를 견디며 정진해 온 사람들이 많습니다. 이처럼 한마디의 말이 주는 위력은 한 사람의 인생에서 지표가 됩니다.

그러나 반대로 한마디의 말로 인생을 함부로 사는 사람의 예도 있습니다. 어느 범죄자는 아무도 자신을 인정해주지 않았고, 심지어 부모님조차도 너는 평생 그렇게 밖에 살 수 없다며 말로 상처를 주었다고 했습니다. 그래서 중요한 결정을 해야 하는 순간이 오면 "그래, 내가 뭘 할 수 있겠어. 난 원래 그런 사람이잖아."하며 스스로를 비하했다고 합니다.

간단한 한마디의 말에도 신중함을 잃지 말아야 하겠습니다. 특히 화가 나 있을 땐 말을 절제하는 기술이 필요합니다. 아무 생각 없이 나온 말 한 마디가 가족이나 친구, 동료들에게 깊은 상처를 안겨줄 수도 있다는 것을 기억해야 합니다.

다정한 미소

 1979년 노벨 평화상을 받은 빈민의 성녀라고 일컫는 마더 테레사가 호주를 방문했을 때 일입니다.

 호주의 한 젊은 프란시스코 수도회 수사가 테레사에게 그녀의 수행원이 될 수 있도록 요청을 했습니다. 이 수사는 훌륭한 테레사 수녀를 매우 가까이서 접할 수 있으리라는 기대감에 부풀어서 그녀에게서 많은 것을 배우고 보고 듣기를 원했습니다.

 그러나 줄곧 그녀 가까이에 있었으나, 말 한마디 건넬 기회가 없었습니다. 테레사 수녀 주위에는 언제나 많은 사람들이 에워싸고 있었기 때문이었습니다.

 드디어 모든 일정을 마치고 그녀가 뉴기니아로 떠나게 되었습니다. 수사는 너무 실망한 나머지 수녀에게 청원했습니다.

 "뉴기니아로 가는 저의 여비를 제가 부담한다면 비행기 옆자리에 앉아 말씀을 나누며 배울 수 있겠습니까?"

라고 간곡히 부탁드렸습니다.

마더 테레사 수녀는 그를 똑바로 쳐다보며 물었습니다.

"뉴기니아로 갈 항공료를 낼만한 돈을 갖고 있어요?"

"예."

"그러면 그 돈을 가난한 이들에게 주세요. 내가 말해 줄 수 있는 어떤 것보다 더 많은 것을 배울 것입니다."

라고 대답했습니다.

한 정치 권력자가 마더 테레사 수녀에게 물었습니다. 자신의 임무가 별다른 성공을 보이지 않는 것에 대해 가끔은 좌절하거나 실망한 적이 없느냐는 질문이었습니다. 그러자 마더 테레사 수녀는 대답했습니다.

"아닙니다. 전 실망한 적이 없습니다. 당신도 알다시피, 신은 저에게 성공의 임무를 주신 것이 아닙니다. 자선의 임무를 주신 것이지요."

마더 테레사 수녀는 가난의 원인이나 사회 환경을 바꾸는 데에는 관심이 없었습니다. 슬퍼하는 사람에겐 미소를, 비를 맞고 있는 사람에겐 우산을, 눈먼 사람에겐 책을 읽어주는 것이 사랑이라고 하였습니다. 자신이 받게 된 노벨평화상은 단지 가난한 사람들의 이름으로, 가난한 사람들을 대표해서 받은 상이므로 그 상금은 가난한 사람들을 위한 집을 짓는 것이 당연하다 하였습니다.

87세의 마더 테레사가 눈을 감기 직전 남긴 말에서 우리는 순결한 희생과 아름다운 마음을 읽을 수 있습니다.

"나는 결코 대중을 구원하려 하지 않습니다. 나는 한번에 단지 한 사람만 사랑할 수 있습니다. 한번에 단지 한 사람만 껴안을 수 있습니다."

웃으면 복이 와요

　미국의 한 병원에서의 일입니다. 한 환자가 수술을 받았지만, 회복되기는커녕 자꾸만 증세가 악화되어 갔습니다. 주치의를 비롯한 의료진들이 연일 모여 환자의 상태를 체크하고 분석해 보았지만, 그 이유를 찾아내지 못했습니다.
　의학적인 시술도 완벽했고, 병 역시 그렇게 중한 것이 아니었는데도 불구하고 환자가 소생할 기미를 보이지 않자 더욱 긴장하기 시작했습니다.
　또 다시 모여 마지막으로 회의를 하고 있는 자리에서 한 의사가 조용히 자리를 떠나 환자를 찾았습니다. 그리고 환자에게 정중하게 사과했습니다.
　"저는 선생님의 수술 준비를 도왔던 의사입니다. 그런데 마취 상태에 있는 선생님에 대해 제가 심한 농담을 했습니다. 그게 자꾸만 마음에 걸려 사과를 하고 싶었지만, 기회가 없었습니다. 저를 용서해 주시겠습니까?"
　환자는 눈이 동그래졌습니다. 그러면서 입가에 미소가 번졌습니다.

"나도 모르는 것을 어떻게 용서하나요? 그러나 그렇게까지 자신에게 진실한 의사를 만날 수 있다니 저는 행복합니다."

놀랍게도 그 일이 있은 후, 환자의 병세는 눈에 띌 정도로 호전되기 시작했습니다.

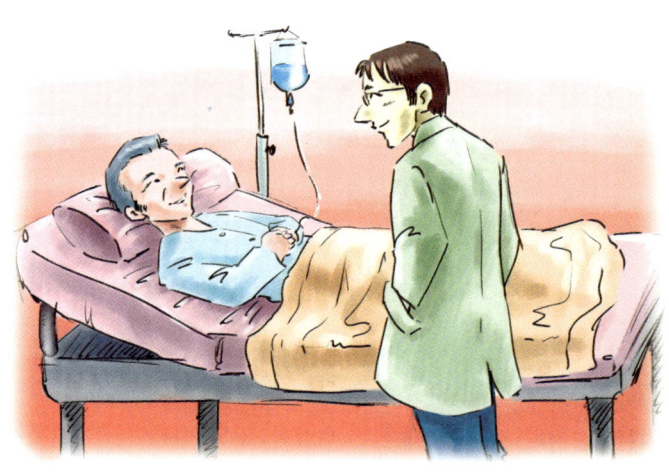

건강한 사람에게 부정적인 암시를 주고 그 반응을 살펴보는 실험이 있었습니다. 먼저 한 사람이 방문해 "어디 아프

니? 안색이 좋지 않은데……."라고 암시를 줍니다. 건강한 사람은 이 암시에 대해 "아니, 아무렇지도 않은데……."하며 느긋해 합니다. 또 두 번째 사람이 찾아가 똑같은 암시를 합니다. 그러면 "응, 잘은 모르겠는데, 왠지 기분이 좋지 않은 것 같아."라고 대답합니다. 이번에는 세 번째 사람이 찾아가 똑같은 암시를 하면 분명 "나 아파."하며 반응한다는 것입니다. 이처럼 부정적인 의식이 병을 초래하듯 역설적으로 긍정적인 의식은 심리요법의 효과가 있다는 것을 말해 줍니다.

사람의 질병 중 대부분이 생활습관과 마음 자세에 따라 발생한다고 합니다. 매사를 삐뚤게 보고 비판의식이 강한 사람은 질병을 이겨낼 면역력이 약하다는 것입니다. 더 중요한 것은, 이런 부정적인 마음과 시각은 전염성이 강해서 다른 사람에게까지 쉽게 옮긴다는 것을 기억해야 하겠습니다.

건강하게 살고 싶다면, 적극적이고 긍정적인 마음 자세가 중요합니다. 부정적인 마음 안에는 두려움과 슬픔이 깃들여 있지만, 긍정적인 마음 안에서는 기쁨과 희망이 퍼져 있기 때문입니다. 살면서 때때로 우울한 일도 슬픈 일도 있겠지만, 억지로라도 웃으며 긍정적인 마음을 가지도록 노력해야 겠습니다. 행복해서 웃는 것이 아니라 웃어서 행복하다고 했던가요.

언행일치

훗날 미국의 원수가 된 맥아더가 육군학교 교장직을 맡고 있던 때의 일입니다. 하루는 미국 상원의 국방위원들이 시찰을 나왔습니다. 맥아더는 각종 보고를 마치고 그들을 자기 방으로 안내했습니다. 방안에는 아무런 가구도 없고, 단지 야전용 쇠침대 하나만이 놓여있을 뿐이었습니다.

"여기가 제가 생활하는 방입니다. 이곳에서 일주일을 지내고 주일에만 집으로 갑니다."

맥아더는 자기가 얼마나 고생을 하고 있는지, 내심 목에 힘을 주며 쇠침대에서 자는 것을 강조했습니다.

시찰이 끝난 후 만찬이 베풀어졌고, 금접시에 멋진 요리들이 담겨져 나왔습니다. 즐거운 식사가 끝나고 모두들 돌아간 뒤에, 금접시 하나가 분실된 것이 드러났습니다. 먼저 국방위원들을 의심한 맥아더는 서신을 보내 금접시의 행방을 물었습니다.

며칠 뒤 그는 다음과 같은 내용의 편지 한 통을 받았습니다.

"만일 장군님께서 그날 밤 야전용 쇠침대에서 주무셨더라면 벌써 그 금접시를 찾으셨을 겁니다. 금접시는 제가 모포 밑에 넣어두었습니다."

우리는 언행일치가 되어야 한다는 말을 자주 듣습니다. 그러나 대부분의 사람들은 언행이 일치하기가 쉽지 않습니다. 말을 행동으로 옮기는 데는 그만큼 의지가 필요한 법이니까요.

행동하지 않는 것은 생각이 없는 것과 같습니다. 그 사람의 인격은 말과 행동에서 나타납니다. 그만큼 말과 행동이 지니고 있는 의미는 크다고 할 수 있지요. 말을 해놓고 그에 따른 행동을 하지 않는 일이 반복되면, 신뢰감은 무너지고 그 자리엔 불신의 싹이 트기 시작합니다. 급기야는 말뿐인 사람으로 간주되어 주위 사람들로부터 외면을 당하겠지요. 잎사귀만 무성하고 열매를 맺지 못하는 것과 다를 바가 없습니다.

말은 성과로 나타나야 하며 그럴 때 비로소 가치를 가짐을 알아야 합니다.

벽돌을 쌓는 마음으로

　세계적인 역사서로 알려진 『불란서 혁명사』를 쓴 토마스 칼라일에 관한 이야기입니다.

　칼라일은 수만 페이지나 되는 불란서 혁명사의 원고를 2년여에 걸쳐 끝낸 후, 친구인 존 스튜어트 밀에게 감수를 요청했습니다. 밀은 1개월간에 걸쳐 감수를 끝내고 원고를 칼라일에게 돌려주려 했을 때, 그 원고 뭉치가 온데 간데 없이 사라졌음을 알았습니다. 아무리 집을 뒤지고 찾아도 없었습니다.

　밀은 하녀에게 원고의 행방을 물었습니다. 하녀는 태연하게 쓸모없는 종이뭉치인줄 알고 벽난로 불쏘시개로 써버렸다고 대답했습니다. 참으로 어처구니없는 비극이었습니다.

　존 스튜어트 밀은 창백한 얼굴로 칼라일의 집에 찾아가서 자초지종을 말했습니다. 칼라일은 너무나 큰 충격을 받았습니다. 2년의 노고가 하루아침에 불쏘시개로 되어버린 현실 앞에서 아연실색할 뿐이었습니다.

 우울한 나날이 계속되었습니다. 칼라일은 어느 날 아침 산책을 하던 중 벽돌공이 벽돌을 쌓는 것을 유심히 보다가 새로운 다짐을 하게 되었습니다.
 "벽돌공은 한 번에 한 장씩의 벽돌을 쌓는다. 나도 그렇게

하면 된다. 불란서 혁명사의 내용을 한 줄 한 줄 다시 기억하면서 벽돌을 다시 쌓는 것이다."

그 일은 지루했지만 칼라일은 꾸준히 계속하여 마침내 원고를 완성했습니다. 그렇게 해서 완성된 원고는 불태워진 원고를 거의 완벽하게 재생시켰고, 어떤 대목에서는 처음 원고 내용보다 더 나은 것이었다고 합니다.

인생에 있어 어떤 일이든지 하루아침에 이루어지지 않습니다. 화단에 피어 있는 꽃들도 한 톨의 씨앗에서 추운 겨울을 견디고 나서야 저토록 아름답게 피어날 수 있지요. 세상에는 노력 없이 얻을 수 있는 것은 아무것도 없습니다.

혹시 지금 하고 있는 일이 뜻대로 되지 않는다고 절망에 빠져 있지는 않나요? 만일 하고 있는 공부 또는 일이 어려움에 처해 있다면, 내가 너무 욕심을 부리진 않았는지 곰곰이 생각해보세요. 만일 욕심이 많다면, 욕심을 줄인 후 한 계단 한 계단 올라가듯이 천천히 시작해보세요. 멀게만 느껴졌던 일들이 한결 수월하게, 가볍게 느껴질 테니까요.

무슨 일이든지 단숨에 큰 성과를 내려고 해서는 안됩니다. 오히려 성과보다는 스스로 지쳐 중도에 포기하게 되는 결과를 초래할 수도 있으니까요. 토끼처럼 빨리 뛰다 지치기보다는 거북이처럼 느리게 끝까지 완주하는 자세가 필요합니다.

성공하는 사람들 대부분은 똑똑한 사람들이기보다는, 의지가 강한 사람들이라는 것을 잊지 말아야겠습니다.

험난한 이 세상을 살아가자면

 알렉산더왕이 이끄는 군대가 페르시아를 쳐부수기 위해 전진하고 있었을 때의 일입니다. 사기충천해 있어야 할 군인들은 마치 패전을 결심이라도 한 듯 힘없이 행군을 하고 있었습니다. 유심히 지켜보던 왕은 즉시 그 이유를 알아차렸습니다. 군인들은 전투에서 얻은 노획물들을 몸에 잔뜩 지닌 채 힘겨운 행군을 하고 있었던 것입니다.
 왕은 행군을 멈추게 한 후, 노획물들을 모두 모아 불태울 것을 명령했습니다. 이 명령에 군인들은 심한 불평을 늘어놓았지만, 결국 그렇게 함으로써 페르시아와의 전투에서 승리할 수 있었습니다.

 어떤 일을 달성하기 위해서는 주위의 비난을 두려워해서

는 안됩니다. 비난이 두려워 결정을 내리지 못하는 우유부단함으로 인해 일을 그르치는 경우가 더 많습니다. 우리는 때때로 과감하게 버릴 줄도 알아야 합니다. 분명 고통이 따르겠지만 어려운 상황을 헤쳐 나가는 데 장애가 된다고 판단했다면 미련 없이 버릴 수 있는 대담함이 필요합니다. 험난한 이 세상을 살아가자면.

무슨 일이든 쉽게 생각하라고 선조들은 가르칩니다. 너무 어렵게 생각한 나머지 소심해져 용기를 꺾게 되기 때문이겠지요.

사소함이 주는 행복

어떤 미국인이 프랑스를 방문해서 돌아다니다가 시골의 장터에서 싸구려 목걸이를 구입해 고국으로 돌아왔습니다. 그런데 세관에서 싸구려 목걸이에 높은 세금을 매기는 것이었습니다. 그는 이렇게 말했습니다.

"이건 아주 싸구려 물건입니다."

그러자 세관원이 대답했습니다.

"아닙니다. 이것은 아주 고가의 고급 품목입니다."

어쩔 수 없이 고가의 세금을 물게 된 미국인은 보석감정 전문가에게 그 목걸이를 보였습니다. 감정가는 확대경을 가지고 한참 목걸이를 관찰하더니 깜짝 놀라는 것이었습니다.

"손님, 이건 보통 목걸이가 아닙니다. 손님도 좀 보시지요."

확대경을 통해 들여다보니 거기엔 이런 글자가 새겨져 있었습니다.

「조세핀에게 보나파르트 나폴레옹이」

세상에서 가장 귀중한 보물은 자신과 가장 가까이에 있다고 합니다. 그렇다면 과연 나에게 있어 가장 귀중한 것은 무엇일까, 하고 생각했던 적이 있었습니다. 아무리 생각해도 답을 찾을 수 없었지요. 가까이에 있으며 가장 귀한 것, 둘러봐도 찾을 길이 없었습니다. 보이는 것에만 집착했으니 당연했지요.

　우리는 살아가면서, 소중함과 귀중함의 가치를 내면보다는 외면의 화려함에서 찾으려고 합니다. 그래서 물질적으로 얼마만큼 소유하고 있는지에 관심을 두지요. 그리고 그것이 행복의 척도인 냥 생각합니다.

　하지만 이런 행복은 그리 오래가지 못합니다. 또 다른 것에서 더 큰 행복이 필요하기 때문이지요. 채워지지 않는 행복은 진정한 행복이라 말할 수 없습니다.

　우리가 필요로 하는 행복은 어린 왕자가 말했듯이, 물 한 모금, 풀 한 포기에서 찾을 수 있습니다. 마음속에 가득 차 있는 이기심이나 욕심을 버릴 때 비로소 행복을 느낄 수 있겠지요.

사랑이 필요한 시기입니다

　세계 2차 대전 때 미국의 수많은 젊은이들이 전쟁터의 이슬로 사라졌습니다. 전쟁은 참혹했고 병력은 부족했습니다. 지방의 젊은 청년들은 영장을 받은 후, 큰 도시로 집결해서 기차를 타고 훈련소로 떠났습니다.

　당시 국민들의 마음을 안정시키기 위하여 청년들을 태운 기차는 주로 밤늦은 시간에 출발했습니다. 밤이면 워싱턴 유니온 기차 정거장에는 수백 명의 사람들이 몰려들었고, 시민들은 이들을 격려하기 위해 편의를 제공하고 있었습니다.

　그 가운데, 다리를 절면서 뜨거운 코코아 잔을 쟁반에 들고, 매일 밤늦도록 이들에게 봉사를 하는 한 노인이 있었습니다. 어떤 때는 임시로 마련된 주방에서 직접 코코아를 끓이기도 했습니다. 노인을 자세히 살펴보던 젊은이 하나가 그가 보통 사람이 아님을 알아차렸습니다. 그는 분명히 대통령이었습니다.

"각하, 루즈벨트 대통령이 아니십니까?"

루즈벨트 대통령은 서른 아홉의 나이에 두 다리가 마비되어 신체적으로 자유스러운 사람이 아니었습니다.

하지만 불편을 무릅쓰고 밤마다 기차 정거장에 나와 떠나는 청년들에게 뜨거운 코코아를 들고 다니며 봉사했습니다. 대통령이 친히 기차 정거장에 나와서 따라주는 코코아를 마신 청년들의 사기는 대단했습니다.

권력이나 명예는 한낱 보기 좋은 옷에 지나지 않습니다. 그러나 권력이나 명예를 거머쥐고 있는 대부분의 사람들의 마음은 그렇지 않나 봅니다. 마치 영원할 것처럼, 자신만 가지고 있는 것인 냥 거침없는 행동을 하기도 합니다. 권력과 명예는 신기루와 같은 것인데도 말이지요.

많은 사람들이 존경하고 따르는 사람들은 어떤 사람들일까요? 곰곰이 생각해보면, 아무리 높은 곳에 있거나 가진 것이 많아도 겸손하며, 자신보다 남을 생각하는 그런 따뜻한 마음을 가진 사람들일 겁니다. 그런 사람들의 마음속은 따뜻한 사랑으로 가득하겠지요. 현재 우리가 살고 있는 사회는 갈수록 각박해지고 거칠어져갑니다. 또한 살아날 기미를 보이지 않는 국가경제로 인해 서민들의 생활은 늘 불안하고 힘이 들지요. 이렇게 하루하루 생활이 힘겨울 때, 조금이라도 나눌 수 있는 마음, 그런 마음이 그립습니다.

지금은 길가에 있는 자판기 커피라도 나눌 수 있는 그런 마음이 절실한 때입니다. 지금은 질책보다는 따뜻한 마음이, 사랑이 필요한 시기입니다.

화려한 조연

레너드 번스타인의 지휘하는 모습이 텔레비전을 통해 방송된 적이 있습니다. 그는 세계적으로 유명한 지휘자입니다. 연주가 끝나고 자유로운 대화시간이 되자 한 사람이 물었습니다.

"선생님, 수많은 악기 중에서 가장 다루기 힘든 악기는 무엇입니까?"

그러자 번스타인은 의외의 대답을 했습니다.

"제2바이올린입니다. 제1바이올린을 훌륭하게 연주하는 사람과 똑같은 열의를 가지고 제2바이올린을 연주하는 사람을 구하기는 어렵습니다. 플루트의 경우도 마찬가지입니다. 제1연주자는 많지만 그와 함께 아름다운 화음을 이루어 줄 제2연주자는 너무나 적습니다. 만약 아무도 제2연주자가 되기를 원치 않는다면 아름다운 음악이란 영원히 불가능합니다."

나는 영화 보는 것을 좋아합니다. 다양한 인생, 각색의 사람들을 접하는 것도 좋지만 무엇보다 내 구미를 당기는 것은 영화가 주는 감동 때문일 것입니다. 그래서 내용이 감동적인 영화를 미리 검색해본다든지 아니면 주위에서 권하는 영화들을 주로 보게 됩니다.

    가끔은 출연진들이 화려한 영화를 선택하기도 합니다. 유명배우들은 나에게도 선망의 대상이니까요. 그런데 영화 역시도 주연배우 몇 명으로 빛이 나는 건 아니라는 것을 실감합니다. 실제로 관객에게 웃음을 주고 미소 짓게 하는 것은 주연배우의 친구로 나오거나 주위사람으로 나오는 조연배우들일 때가 많으니까요.

    그런 면에서 볼 때 우리 사회와 다를 바가 없습니다. 어떤 사람이 뛰어난 능력을 인정받고 있다면 그 주위에는 그를 돕는 많은 사람들이 있을 것입니다. 또 어느 기관이 우수하다면 명확한 목표를 세우고 그 목표를 현실화시키는 데 필요한 능력을 갖춘 사람들을 두고 있을 것입니다. 제 아무리 유능하고 대범한 사람이라 할지라도 그 뜻을 관철해줄만한 인재가 없다면 그건 사상누각이 되겠지요.

현명하고 지혜로운 사람은 다른 사람에게 스스로 끌려감으로써 다른 사람을 끌어당기는 힘을 가지고 있습니다.

꼭 성공한 사람들만의 이야기는 아닙니다. 이것은 곧 우리의 이야기이고 실현될 가능성은 얼마든지 있습니다.

지금 이 순간이 가장 중요합니다

세기의 문호 톨스토이의 작품 중에 『세 가지 의문』이라는 단편이 있습니다. 주 내용은 한 왕이 인생에서 풀지 못한 세 가지 의문에 대한 답을 구하는 것입니다.

의문은 "모든 일에서 가장 적절한 시기는 언제일까?", "어떤 인물이 가장 중요한 존재일까?", "세상에서 가장 중요한 일은 무엇일까?" 이 세 가지였습니다.

왕은 국사를 행할 때, 항상 이 세 가지 의문 때문에 결정을 내리는 데 자신이 없었습니다. 많은 학자들과 신하들이 갖가지 해답을 제시했으나, 마음을 흡족케 할 답은 없었습니다. 급기야 왕은 성자로 잘 알려진 산골의 은자를 찾아가 답을 구하기로 했습니다. 그러나 은자는 아무런 대답 없이 밭만 가는 것이었습니다.

그때 갑자기 숲 속에서 피투성이가 된 청년이 달려 나왔습니다. 왕은 자기의 옷을 찢어서 청년의 상처를 싸매 주고 정성껏 돌보아 주었습니다. 알고 보니 그는 왕에게 원한을 품고 있었던 신하였습니다. 그는 왕의 간호에 감격해 원한을 잊고 더 충성스런 신하가 되겠다고 맹세했습니다. 다시 왕은 은자에게 세 가지 의문에 대한 답을 요구했습니다. 그러자 은자는 이미 해답이 나왔다며 다음과 같이 말했습니다.

"세상에서 제일 중요한 때는 바로 지금입니다. 사람이 지배하고 사용할 수 있는 시간은 바로 지금뿐입니다. 그리고 제일 중요한 존재는 자신이 지금 대하고 있는 바로 그 사람이지요. 마지막으로 제일 중요한 일은, 지금 대하고 있는 그 사람에게 정성을 다하여 사랑을 베푸는 것입니다."

 반복되는 일상 속에서 우리는 무기력해져 있습니다. 그저 막연하게 성공을 꿈꾸고 행복을 갈구합니다. 자질구레한 일상에 중독되어 우리 앞에 펼쳐지는 작은 기회들을 흘려보내고 있습니다. 지금 이 순간은 우리가 희망했던 어제의 미래였습니다. 그리고 또 이 순간은 어제 죽어간 이들이 그토록 간절히 원했던 내일이었습니다. 그것이 지금 이 순간을 헛되이 보내서는 안되는 하나의 이유입니다.
 다시 말하지만, 인생에 있어 황금 같은 시기는 지금 이 순간입니다. 이 순간을 어떻게 보내느냐에 따라 인생이 행복할 수도, 불행할 수도 있겠지요.

유쾌한 이야기

　영국의 윈스턴 처칠 수상이 전용차를 타고 의사당을 향해 가고 있었습니다.
　교통은 막히고 회의시간은 임박해 처칠은 마음이 조급해져서 운전사를 재촉했습니다.
　"여보게, 회의에 늦겠는데, 좀더 빨리 달릴 수 없겠나?"
　"예, 저도 지금 최선을 다하고 있습니다요."
　운전사도 마음이 급해졌습니다. 순간 교통경찰이 처칠이 탄 차를 정지시켰습니다. 다급한 나머지 운전사가 신호를 위반하고 달렸기 때문입니다. 교통경찰이 딱지를 떼려 하자 운전사가 "지금 이 차에는 수상 각하가 타고 계시다네. 회의시간이 임박해서 그러니 어서 보내주게!"
　라고 말했습니다. 그러자 교통경찰은,
　"거짓말하지 마십시오. 이 나라의 법질서를 책임지고 있는 수상 각하의 차가 교통신호를 어겼을 리 없습니다. 또 설혹 수상 각하가 타고 있는 차라 해도 교통신호를 위반했으면 딱지를 떼어야지 예외는 있을 수 없습니다."

교통신호 위반 딱지를 떼였으나 처칠은 기분이 너무도 좋았습니다. 저런 꿋꿋한 경찰관이 영국의 민주주의를 지켜주고 있는 것이라는 생각이 들었기 때문이었습니다.

회의가 끝나자마자 처칠은 런던 경시청장에게 유쾌한 목소리로 전화를 걸었습니다.

"경시청장인가? 나 처칠인데, 오늘 이러저러한 일이 있었으니, 그 모범적인 교통경찰을 일 계급 특진시켜 주게나!"

수화기를 통해 전해들은 런던 경시청장의 대답은 이러했습니다.

"런던 경시청의 내규에는 교통법규를 위반한 사람에게 딱지를 뗀 교통경찰을 일계급 특진시켜주라는 조항은 없습니다."

처칠은 그날 런던의 경찰들에게 두 번의 창피를 당했지만 자신이 영국의 수상임이 한없이 자랑스러웠습니다.

원칙이 무시되고 변질되는 것을 자주 봅니다. 원칙에 따라 행동하는 사람을 융통성이 없는 사람, 보수적인 사람이라

단정해 버립니다. 때로는 당연한 원칙을 지키는 사람을 입을 모아 칭찬하기도 합니다. 참 우스운 얘기지요. 하지만 그것은 그저 편리하다는 이유로 원칙을 무시하는 행동을 그만큼 하고 있다는 증거이기도 합니다.

원칙을 정한 건 우리 스스로입니다. 그런데 그 원칙을 따르는 사람을 우리가 따돌리고 있다면, 원칙이라는 것을 정할 의미가 없는 것이겠지요. 사회봉사에 일생을 바치시는 분들의 공통된 말이 바로 그것입니다.

"사람으로서 당연히 해야 할 일을 한 것뿐인데……."

순수한 마음

필 박사는 몇 명의 외국인과 함께 독일을 여행하던 중 공원에서 한 무리의 소년들을 만나 사인을 해주었습니다. 그런데 사인이 끝나자마자 대기하고 있던 자동차가 오는 바람에 그는 급히 자동차를 타려다가 그만 만년필을 떨어뜨리고 말았습니다. 잠시 뒤에 창밖을 보던 필 박사는 자신의 만년필을 든 채 달려오는 소년을 발견했습니다.

하지만 그는 '만년필 하나쯤이야.' 하는 생각에 차를 멈추지 않고 창 밖으로 소년에게 만년필을 가지라는 뜻으로 팔을 흔들어 보였습니다. 곧 자동차를 필사적으로 뒤쫓아오던 소년의 모습도 희미하게 작아졌습니다.

그 뒤 6개월이 지난 어느 날, 필 박사는 다 찌그러진 그의 만년필과 한 통의 편지가 들어 있는 소포를 받았습니다.

〈필 박사님께〉

 그날 선생님의 만년필을 우연히 가지게 된 소년은 제 아들이었습니다.

 아들은 만년필을 들고 온 다음 날부터 선생님의 주소를 알아내려 애썼지요.

 그것은 겨우 열세 살 어린아이에게 쉽지 않은 일이었지만, 아들은 꼭 주인에게 물건을 돌려주어야한다며 포기하지 않았답니다.

 그러기를 5개월, 어느 날 아들은 우연히 선생님의 글이 실린 신문을 보고는 그 신문사를 직접 찾아가서 주소를 알아왔습니다. 그때 기뻐하던 아들의 모습이 아직 눈에 선합니다.

 그런데 한 달 전 "어머니, 우체국에 가서 그 박사님께 만년필을 부쳐 드리고 오겠습니다." 는 말을 남긴 채, 훌쩍 집을 나선 아들은 다시는 돌아오지 못했습니다.

 너무 기뻐서 무작정 우체국으로 뛰어가다가 달려오는 자동차를 미처 못 본 것입니다. 다만 그 애가 끝까지 가슴에 꼭 안고 있었던 만년필만이 제게 돌아왔습니다. 그래서 저는 비록 찌그러졌지만 이 만년필을 박사님께 돌려 드려야겠다고 생각했습니다. 그 애도 그걸 원할 테니까요.

 한 독일 소년의 정직한 마음을 기억해 주시기 바랍니다.

욕심을 버리지 못해 애가 타거나, 탁월하지 못해 조바심 나거나, 질투나 미움으로 마음이 소란스러울 때, 난 애써 어린시절을 떠올립니다. 명성이나 우월감 따위에 동요되지 않았던 때를 말이지요. 어린 나이 땐 단순했지만 가장 중요하다고 생각하는 것을 위해 모든 감각을 집중시켰습니다.

친구와의 약속을 지키기 위해 모처럼의 기회였던 가족소풍을 가지 않은 적이 있었습니다. 약속이라고 해봤자 고작 책 한권 전해주는 것이 전부였는데도 말입니다. 어머니가 나를 위해 남겨놓고 간 김밥을 혼자 먹으면서도 그저 맛있을 뿐 조금도 슬프거나 서럽지 않았습니다. 약속을 지켰다는 것이 그런 마음을 몇 배 보상해 주었으니까요.

그때의 순수한 마음을 잊지 않으려 애씁니다. 잊지 않으려 애쓰는 자체가 때로는 안타깝지만요.

따뜻한 말 한마디

존 웨슬리의 어머니인 수잔 웨슬리는 위대한 믿음의 어머니이자, 지혜롭고 훌륭한 여성이었습니다. 어느 날 그녀는 부주의하고 고집 센 딸을 올바르게 교육하기 위해, 일부러 딸에게 다 탄 숯 한아름을 안고 오라고 시켰습니다.

"이 숯들은 뜨겁지 않단다. 델 염려가 없으니 안고 오렴."

물론 예상했던 대로 딸은 단번에 거절했습니다.

"그렇지만, 손과 옷이 더러워지잖아요."

딸의 반문에 수잔 웨슬리가 대답했습니다.

"바로 그 점 때문에 늘 주의해야 한단다. 사람의 행동에는 화상까지 입히지는 않지만, 손과 가슴을 더럽게 하는 행위도 있기 때문이지."

어머니의 이 따뜻한 가르침을 기억하며, 존 웨슬리는 평생 남을 배려하는 마음을 잃지 않았습니다.

　우리가 하는 말과 행동 속에는 아름다운 향기와 상처를 주는 가시가 함께 들어있습니다. 자기 자신은 알지 못하지만, 상대방은 느낄 수 있지요. 그래서 항상 말과 행동을 할 때에는 한번 더 생각하고 말하는 습관이 필요합니다.

　나의 친구 중에는 말을 너무나 쉽게 해버리는 친구가 있었습니다. 그 친구는 하고 싶은 말이 있으면 직설적으로 표현해버리기 때문에, 주위의 많은 친구들이 상처를 입곤 했습니다. 처음에는 친구들이 그 친구의 성격을 이해하려고 노력했지만, 결국엔 멀리하고 말았지요. 나는 주위에 아무도 없는 그 친구를 보며 가슴이 아팠던 기억이 있습니다.

어떤 말을 할 때 상대를 배려하고 있다는 것을 느끼게 해주어야 합니다. 진심어린 조언을 마다할 사람은 없으니까요. 또한 상대방의 조언을 귀담아 듣고 자기 발전의 기회로 삼을 수 있어야 합니다. 우리는 전혀 모르는 사람에게 충고하거나 조언하지는 않습니다. 순간의 감정을 절제하고 자신의 마음을 다스린다면, 상대방의 조언이나 충고로 어느 순간 불쑥 커져있는 자신을 발견하게 될 것입니다.

우정을 지키는 것은

춘추전국시대 초나라에 백아라는 거문고의 고수와 백아의 연주를 즐겨듣는 종자기라는 친구가 있었습니다. 두 사람은 서로를 너무나 깊이 아끼고 사랑하는 사이였습니다.

백아가 험산 준령을 가슴에 그리며 거문고를 켜면, 종자기는 "고산을 그리는 곡이군. 태산을 보는 것 같으이."라며 칭찬했고, 백아가 흐르는 물을 연상하며 연주하면, 종자기는 "양자강 둑에 서서 멀리 지나가는 배의 닻을 보는 듯 하이."라며 칭찬했습니다.

백아가 종자기에게 "언제나 변함없이 내 연주를 들어주는 자네에게 감사하네. 어쩌면 자네는 내 마음을 그리도 잘 알아주는가."라고 말하자, 종자기는 "아닐세. 자네의 연주가 진정 내 마음을 감동시키기 때문일세."라고 대답했습니다.

그들이야말로 죽마지우였고, 연주와 감상의 명수들이었습니다.

돈이 없었던 대학 시절, 졸업을 앞두고 서울에 있는 어느 회사에 면접을 보러가게 되었습니다. 나보다 더 들떠있던 친구는 터미널까지 배웅 나와 우유며 빵까지 챙겨주었습니다. 그리고 버스 속에서 읽으라며 자그마한 책을 건네주었습니다. 복잡한 생각들로 창 밖만 바라보며 한참을 가다가 친구가 준 책이 생각나 펼쳐보니 거기엔 지폐 두 장과 메모지 한 장이 얌전히 끼어 있었습니다. 그때의 그 감동을 지금도 잊을 수가 없습니다. 요즘 들어 생활이 조금 나아져 돈의 가치를 잊는 듯 할 때 나는 그때를 떠올립니다. 내가 마음속으로 가졌던 다짐과 긍정적인 생각들을 돌이켜보게 됩니다.

    하지만 그런 소중한 친구를 오히려 소홀히 대할 때가 있습니다. 가깝다는 이유로 모든 것을 이해해주리라 믿기 때문입니다. 언제든 찾으면 한자리에 우뚝 서있는 바위처럼 말이지요.

    좋은 사이일수록 관심을 가져주고 꾸준히 우정을 지켜나가는 노력이 필요합니다. 우정을 지키는 것은 새로운 친구를 사귀는 것보다 더 중요한 일임을 알아야겠습니다.

사랑한다는 말보다는

　소금인형이 자신이 누구인지를 알고 싶어 수많은 곳을 찾아 다녔습니다. 산과 강과 들을 다니다가 어느 날, 바닷가에 이르렀습니다. 그동안 보았던 것들과는 너무나 다른 것이어서 소금인형은 파란 파도를 보고 황홀해졌습니다.
　소금인형은 파란 파도를 일으키는 바다에게 물었습니다.
　"당신은 누구세요?"
　이 말을 들은 바다는 빙그레 웃으며 대답했습니다.
　"내 안으로 들어와 보렴."
　이 말을 들은 소금인형은 바다 속으로 첨벙첨벙 들어갔습니다. 바다 속으로 들어가면 갈수록 소금인형은 차츰차츰 녹아 마침내 아주 작은 한 점으로 남게 되었습니다.
　그 마지막 한 점이 녹기 전에 소금인형은 큰 소리로 말했습니다.
　"이제야 내가 누군지 알겠어!"

 사랑은 두 사람이 자연스럽게 만나 마음이 조화로운 하나가 되는 것입니다. 어떤 사람을 사랑한다면, 그 사람을 자신에게 맞추기보다 자신이 그 사람에게 맞추도록 노력해야 합니다. 서로가 조금씩 양보하며 이해할 때, 비로소 아름다운 사랑을 할 수 있습니다. 그래서 사랑하는 사람들의 얼굴은 닮아가나 봅니다.

요즘 젊은층 사이에는 사랑과 이별이란 단어를 너무나 쉽게 표현합니다. 서로가 만나 조금만 마음이 맞는다는 생각이 들면 서슴없이 사랑한다는 말을 하지요. 이런 사랑은 그리 오래 지속될 수 없습니다. 얼마 지나지 않아 두 사람은 처음 있었던 자리로 되돌아 갈 것은 불을 보듯 뻔하지요.

누군가를 사랑한다면, 사랑한다는 말보다는 곁에 다가가 그 사람의 손 한 번 따뜻하게 잡아주세요. 나는 사랑하는 사람의 손을 잡아주고, 어깨를 감싸 안아주는 것보다 더 큰 사랑의 표현은 없다고 생각합니다.

누구에게나 공평한 시간

　미국의 정치가이자 사상가인 벤저민 프랭클린이 서점을 경영할 때의 일입니다.
　어느 날, 한 손님이 책방에 들어와 책들을 뒤져보다가 마음에 드는 책을 한 권 손에 들고는 물었습니다.
　"이 책이 얼마입니까?"
　프랭클린이 1달러라고 대답하자 손님은 흥정을 했습니다.
　"조금 싸게 안됩니까?"
　이에 프랭클린은 이렇게 대답했습니다.
　"그렇다면 1달러 15센트를 주십시오."
　어이가 없어진 손님은 "여보시오, 깎자는데 더 달라는 사람이 어디 있습니까?" 라고 대꾸했습니다. 그러자 프랭클린은 천연덕스럽게 다시 가격을 올려 말하는 것이었습니다.
　"1달러 50센트입니다."
　급기야 화가 난 손님이 따지듯 물었습니다.
　"왜 오히려 점점 더 비싸게 부르는 거요?"

프랭클린은 그 손님에게 이렇게 대답했습니다.

"시간은 돈보다 귀한 것입니다. 왜 쓸데없는 말로 남의 귀한 시간을 뺏는 것입니까?"

시간은 모든 사람들에게 하루 24시간이 똑같이 주어져 있습니다. 그 시간을 얼마나 효율적으로 쓰느냐에 따라 다른 사람들보다 더 많은 것들을 할 수 있지요. 때문에 시간은 돈보다 더 소중하다는 것이겠지요.

성공한 사람들은 아주 적은 시간을 자면서 공부했거나 연구를 했고, 또 돈을 벌기 위해 일했습니다. 그러나 우리는 하루에도 아무 생각 없이 얼마나 많은 시간을 헛되이 보내고 있나요. 흘러간 시간은 다시 되돌릴 수 없습니다. 만일 시간이 돈이었다면 그렇게 아무렇게나 소비하지는 않을텐데 말이지요.

여유를 잃지 않는 마음

구 소련 시대의 경찰은 독일 히틀러의 학정을 피하여 소련으로 넘어온 유대인들을 붙잡아 다시 독일로 넘겨 짭짤한 수입을 얻었다고 합니다. 때문에 소련 영주권이 없는 유대인들은 언제나 불안에 시달려야 했습니다.

어느 날, 소련 영주권을 가진 유대인과 도망쳐온 유대인이 함께 길을 가다가 경찰에 들키고 말았습니다. 만일 잡히게 된다면 독일로 끌려가 죽을 수도 있는 상황이었습니다. 경찰이 다가오자 영주권을 가진 유대인이 갑자기 달리기 시작했습니다.

그러자 경찰도 있는 힘을 다하여 그를 쫓았습니다. 한참을 달리다가 영주권을 가진 유대인이 멈춰 섰습니다. 경찰이 신분증 제시를 요구했고 유대인은 여유 있게 신분증을 내밀었습니다. 경찰은 어리둥절해하며 왜 신분증을 가지고 있으면서 도망쳤느냐고 물었습니다.

 그러자 그는 태연하게 이렇게 말했습니다.

 "도망친 것이 아닙니다. 몸이 아파 병원에 갔더니 의사가 약을 먹고 나면 힘껏 달리라고 해서요."

 경찰이 나를 보고 도망친 것 아니냐고 재차 다그치자 그는 또 이렇게 대답했습니다.

 "경찰관님도 나와 같은 의사의 처방을 받은 줄 알았지요."

 재치 있는 친구 덕분에 도망쳐온 유대인은 목숨을 건질 수 있었습니다.

우리가 살아가는 인생에는 보이지 않는 암초들이 곳곳에 숨어 있습니다. 아무 일 없이 잘 살아가다가도 뜻하지 않은 난관에 부딪혀 고통을 받기도 합니다.

　그러나 신은 사람이 감당할 수 있는 만큼의 시련만 준다고 했습니다. 세상에는 우리가 해결하지 못할 시련은 없습니다. 다만 긍정적으로 대처하느냐, 피하기만 하느냐의 마음자세에 달려 있겠지요.

소금창고
둘

긍정적인 자세로 세상을 보는 지혜

긍정적인 자세로 세상을 보는 지혜

비판과 충고의 차이

아일랜드의 극작가이자, 문학비평가인 버나드 쇼는 1남 2녀 중 막내로 태어났습니다. 그의 아버지는 지주계급 출신이었지만, 낮은 공무원 생활로 힘든 생계를 이어 나갔습니다. 그러다 곡물 사업에 손을 댔는데 그마저 실패하면서 더욱더 가난한 삶을 살아야 했습니다.

버나드 쇼는 16세 때 학교를 그만두고 복덕방에서 일을 했습니다. 하지만 예술을 좋아하는 어머니의 영향으로 국립미술관을 자주 방문하게 되었습니다. 그는 그곳에서 음악, 미술, 문학에 대한 폭넓은 세계를 경험할 수 있었고, 위대한 극작가가 될 수 있는 양분을 얻을 수 있었습니다.

그의 첫 작품인 『미성숙』은 런던의 수많은 출판사에서 거절당했지만, 이에 굴하지 않고 작품 활동에 전념하여 희극 부문에서 큰 인기를 얻게 되었습니다. 또 1925년에는 『성녀 조앤』으로 노벨 문학상의 영예를 안기도 했습니다.

어느 날의 일이었습니다. 연회장에서 만난 한 귀족 출신 젊은이가 그에게 다가와 이런 질문을 했습니다.

"한때 선생님의 부친이 양복 만드는 일을 했다는 게 사실입니까?"

"그렇다네."

버나드 쇼는 자연스럽게 대답했습니다. 그러자 젊은이는 기회를 잡았다는 생각으로 우쭐거리며 말했습니다.

"그렇다면 선생님은 왜 양복쟁이가 되지 않았습니까?"

버나드 쇼는 젊은이의 말을 듣고는 바로 응수를 했습니다.

"젊은이, 듣자하니 자네 부친이 신사였다는게 그 말이 사실인가?"

"물론이죠. 영국에서는 꽤 유명한 신사이십니다."

젊은이는 신이 나 말했고, 버나드 쇼는 여유 있게 한마디 했습니다.

"그래. 그렇다면 어째서 자네는 신사가 되지 못했나?"

매사를 비판적으로 보는 사람들의 특징 중 하나는, 감동할 줄 모른다는 것입니다. 감동을 모르니 애정 또한 편협할 수밖에 없습니다. 비판은 인간의 마음에 불안과 미움만을 심겠지요. 비판적인 사람들은 실제 열등감에 사로잡혀 있는 경향이 많고, 신경질적인 태도로 일관합니다. 말투 역시 당당하지 못하고 손발의 놀림도 불안정하여 시선을 어디에 두어야 할지 불안해합니다.

가끔은 비판을 충고라고 생각하고 거리낌 없이 해대는 경우도 있습니다. 그러나 충고와 비판은 듣는 사람은 쉽게 구분할 수 있습니다. 충고에는 배려와 사랑이 함께 하니까요.

자신의 잘못을 시인하는 것

나폴리의 총독인 오수나 공작이 한번은 죄수들이 노를 젓는 배를 시찰한 일이 있었습니다.

총독은 죄수를 한 사람씩 만나서 어떤 죄를 짓고 여기에 오게 되었는가 물었습니다. 죄수들은 한결같이 누명을 썼거나 함께 죄를 지은 자가 자기에게 죄를 다 뒤집어씌웠다고 항변했습니다.

그런데 그 중에 한 죄수는 이렇게 말했습니다.

"총독님, 저는 돈이 탐나서 남의 지갑을 훔친 죄인입니다. 그 벌을 지금 달게 받고 있습니다."

그 죄수의 말에 감동 받은 총독이 부관에게 말했습니다.

"오, 이 사람은 정말 죄인이군! 그러니 그를 여기서 끌어내서 배 밖으로 데려가게. 여기에는 이 사람말고는 죄인이 하나도 없는데 그냥 두면 다른 사람들에게 나쁜 영향을 미치지 않겠는가?"

자신의 죄를 시인한 죄수만이 총독의 선처를 받게 되었습니다.

잘못을 시인하며 용서를 구하는 일은 참으로 아름답습니다. 또한 이런 사람에게 용서 해주지 않을 사람은 없을 겁니다. 사람은 인정으로 살아가는 법이니까요.

사실 누구라도 자신의 잘못을 인정하기란 쉽지 않겠지요. 누군가에게 나의 약점을 보이는 것 같기도 하고, 힐책을 당할까 걱정도 될테니까요. 자신의 모습에 직면할 용기가 있는 사람은 자신의 결점을 이미 알고 있기 때문에 만족스러운 인생을 향해 주저 없이 나아갈 수가 있지 않을까요.

자제력이 주는 미덕

 히틀러가 2차 세계대전 때 패망한 근본적인 원인은 그의 분노 때문이었습니다.

 히틀러는 관찰력과 예리한 판단력, 비상한 통찰력을 가지고 있었지만, 화를 잘 내는 성격의 소유자였습니다. 때문에 그의 부하들은 히틀러가 들어서 기분 나쁜 사실은 제대로 보고하지 않았습니다.

 그는 영국과 프랑스 등 자유 진영과 힘겨운 전쟁을 하면서도 일시적인 분노로 말미암아 주력부대를 빼돌려 소련을 침공했습니다.

 그러나 바로 이것이 그의 일생에서 돌이킬 수 없는 실수가 되고 말았던 것이었습니다.

 연합군이 노르망디 상륙작전을 개시했을 때, 히틀러는 깊은 잠에 빠져 있었습니다. 평소 그는 부관에게 잠을 자고 있는 동안에는 깨우지 말라고 명령했습니다. 때문에 그의 부하들은 소련군의 기갑 사단만 그쪽으로 돌린다면, 상륙을 저지할 수 있음을 번연히 알면서도, 잠든 히틀러를 깨우지 못하고 발만 동동 구르고 있었습니다.

히틀러가 한참 잠을 자고 일어났을 때에는 이미 연합군이 노르망디에 완전히 상륙해 진지를 구축한 뒤였습니다. 이 일로 인해 결국 독일은 패망하게 되었던 것이었습니다.

인간이 겪는 대부분의 불행은 자제력의 부족에서 옵니다. 위대한 영웅 링컨은 가장 큰 시련의 시기를 인내와 자제력으로 평정하였습니다. 링컨은 그의 내각에 불충스런 장관이 있다는 것을 알았습니다. 그러나 그 불충은 링컨 한 사람에 관한 것이었습니다.

장관의 다른 자질은 국가를 위해 필요하다고 판단한 링컨은 화를 참고 자제력을 발휘하여 장관의 행위를 끝내 못 본체 했던 것입니다. 개인적인 화를 참음으로써 위기를 넘긴 예입니다.

그러나 어떤 경우 화를 참는다고 해서 꼭 미덕은 아닐 수도 있습니다. 지나친 열정은 때로 화를 불러오기도 하니까요. 다만 어디까지 화를 내고, 어디에서 멈춰야 하는지를 조절할 수 있어야 합니다.

멈추어야 하는 적절한 시기를 판단하지 못한다면, 무모한 노여움쯤으로 보일 수도 있으니까요. 화를 냄으로 해서 어떠한 파급효과가 있을 것인지 신중히 생각하는 지혜가 필요합니다.

먼 훗날을 위해 달리다

미국이 낳은 유명한 육상선수 칼 루이스가 뛰어난 선수가 된 데는 그만한 이유가 있었습니다.

그가 살았던 도시는 교통 상황이 너무나 나빠 교통지옥이라 불릴 정도였습니다. 그는 교통 상황 때문에 언제나 모터사이클을 타고 다녔습니다.

어느 날 도둑이 들어 그의 교통수단인 모터사이클을 훔쳐 가고 말았습니다. 그 일이 있은 후 다시 자전거를 샀지만, 그것마저 도둑맞았습니다. 화가 난 칼 루이스는 다시는 오토바이를 사지 않겠다고 다짐하며 12킬로미터나 되는 먼 길을 매일 뛰어 다녔습니다. 출근 시간과 퇴근 시간을 합해 하루 24킬로미터를 매일 달렸던 것입니다.

그는 훗날 올림픽에서 금메달을 획득한 후 인터뷰에서 이렇게 말했습니다.

"어느 도둑도 달리기만은 훔쳐갈 수 없었습니다."

매일 그렇게 달린 결과, 그는 세계 제일의 달리기 선수가 될 수 있었던 것입니다.

 불가피한 상황을 기회로 이용할 수 있어야 합니다. 불필요한 변명으로 불신을 일깨우기보다는 자신을 가꾸는 좋은 기회로 생각해야 합니다. 변명은 또 다른 변명으로 위장하고, 나약해진 용기는 다시 굴복하고 또 굴복하게 됩니다. 어떤 일을 함에 있어, 중간에 포기하지 않는 인내력을 지녀야 합니다.

 인생에 있어 노력과 인내심은 모래를 진주로 변화시키는 마법과도 같습니다. 인내는 삶의 중요한 태도입니다. 명확한 목표를 가지고 열심히 행동한다면 아무도 그것을 방해하거나 막을 수 없습니다. 신념을 관철시킬 용기와 적극적인 사고방식, 긍정적인 태도로 먼 훗날을 생각하며 달려야 합니다. 언제나 행운과 기회는 열심히 사는 사람에게 찾아오니까요.

신이 주신 선물

개구리와 쥐가 살고 있었습니다. 쥐는 물 속에 들어갈 수가 없기 때문에 둘은 언제나 개구리와 연못 밖에서 함께 놀곤 했습니다. 그러던 어느 날, 개구리는 몹시 심심해서 쥐를 골려주기로 했습니다.

그래서 쥐에게 자기가 땅 위에서는 그다지 빨리 다니지 못하니, 각각 한쪽 발을 끈으로 묶어 두자고 제안을 했습니다. 개구리와 쥐는 발 한 쪽씩을 끈으로 묶고는 보리밭이며 큰길가에서 재미있게 놀았습니다.

그런데 갑자기 개구리가 연못가로 가까이 다가갔습니다. 쥐는 걱정이 되어 "안돼! 나는 물에 들어갈 수가 없단 말이야." 하고 소리를 쳤습니다. 하지만 개구리는 들은 척도 하지 않고, 물 속으로 풍덩 뛰어들고 말았습니다.

그 바람에 개구리와 한쪽 발이 묶여 있던 쥐는 물 속에 빠져 허우적거리다가 그만 죽고 말았습니다. 그때 하늘을 날던

솔개가 물 위에 떠 있는 쥐를 발견하고는 쥐를 낚아채 올렸습니다. 그러자 다리가 묶여 있던 개구리도 쥐와 함께 공중으로 따라 올라갔습니다. 놀란 개구리가 큰 소리로 살려달라고 외쳤지만, 솔개는 더 높이 날아 갈 뿐이었습니다.

우리는 살아가면서, 자신의 이익 때문에 가족이나 친구들에게 씻을 수 없는 상처를 주기도 합니다. 눈앞에 보이는 달콤함에 넘어가 평생 함께 할 사람들에게 상처를 준다면, 이보다 더 슬픈 일은 없을 것입니다.

소중한 사람들은 한 순간에 얻을 수 있는 존재가 아닙니다. 많은 시간 동안 기쁜 일이나 궂은일을 함께 하면서 비로소 얻을 수 있지요. 때문에 이런 사람들에게 소홀히 한다면, 「신이 주신 선물」을 버리는 것과 같습니다.

우리는 가족이나 친구들에게 항상 고마워해야 합니다. 나를 지탱해주는 보이지 않는 힘의 근원임을 알아야 합니다. 우리는 혼자서 이룰 수 있는 것은 아무 것도 없습니다. 나를 위해 기도해주는 그들을 자주 돌아보는 마음을 지녀야겠습니다.

여럿이 함께 사는 세상

 링컨의 아버지 토머스 링컨은 1637년 영국에서 이민 온 직공의 후예로 토머스 역시 신발 만드는 일을 했습니다.
 링컨이 대통령에 선출되었을 때, 그런 사실을 알게 된 상원의원들은 매우 충격을 받았습니다. 대부분 높은 학력에 명문 귀족집안 출신이었던 상원의원들은, 신발 제조공 집안 출신에다 제대로 학교도 다니지 못한 링컨 밑에서 일해야 한다는 것을 내심 불쾌하게 생각하고 있었습니다.
 대통령에 당선된 링컨이 많은 상원의원들 앞에서 취임연설을 하게 되었습니다. 링컨이 단 앞에 서서 막 입을 열려 할 때, 거만해 보이는 한 상원의원이 일어나 링컨을 향해 말했습니다.
 "당신이 대통령이 되다니 정말 놀랍소. 하지만 당신의 아버지가 신발 제조공이었다는 사실을 잊지 마시오. 가끔 당신의 아버지가 우리 집에 신발을 만들기 위해 찾아오곤 했소. 이 신발도 바로 당신 아버지가 만든 것이오."

그러자 여기저기서 킥킥거리는 웃음이 새나왔습니다. 링컨 대통령의 눈엔 눈물이 가득 고였습니다. 그러나 그것은 부끄러움의 눈물이 아니었습니다.

"고맙습니다. 의원님 때문에 한동안 잊고 있던 내 아버지의 얼굴이 기억났습니다. 내 아버지는 신발 제조공으로 완벽한 솜씨를 가진 분이셨습니다. 나는 아버지를 능가할 수 없었습니다. 다만 아버지의 위대함을 따라잡으려 노력할 뿐이었습니다. 나의 아버지는 많은 귀족들의 신발을 만드셨습니다. 여기 이 자리에 모이신 분들 중엔 내 아버지가 만드신 신발을 신으신 분들도 계실 겁니다. 만약 신발이 불편하다면, 언제든지 저에게 말씀해 주십시오. 아버지의 기술을 옆에서 보고 배웠기에, 조금은 손봐드릴 수 있을 겁니다. 나는 아버지의 아들입니다. 내 아버지가 만드신 신발을 최선을 다해 고쳐 드리겠습니다. 물론 제 솜씨는 돌아가신 아버지에 비교될 수 없습니다만……."

상대방의 외모나 신분 등을 보고 비난하거나 업신여기지 말아야 합니다. 우리가 살아가는 세상에는 나 혼자가 아닌 수많은 사람들이 한데 어울려 살아가지요. 때문에 자기 혼자만이 최고라는 생각을 가진다면, 분명 외로운 인생을 살게 될 것입니다.

우리는 가끔 재산은 많지만, 진실하게 마음 터놓을 친구 한 명 없이 외롭게 여생을 보내는 사람들을 봅니다. 그럴 때면 왠지 모르게 안타까운 마음이 물결처럼 일지요. 주위에 마음을 나눌 수 있는 사람들이 없다면 불행한 삶이겠지요.

우리는 누군가에게 도움을 주기도, 도움을 받기도 하며 조화로운 삶을 살아야 합니다. 아무리 맛있는 음식이라도 혼자 먹는다면 어떨까요. 또한 아무리 경치 좋고 아름다운 곳이라도 혼자서 지내야한다면 어떨까요. 그렇다면 분명 고통스러울 만치 외롭겠지요.

그렇습니다. 우리는 혼자서는 절대로 살아갈 수 없습니다. 때문에 언제나 나누는 마음을 잃어버려서는 안됩니다. 그러다보면 나보다는 먼저 상대방을 배려하고 생각하는 마음도 저절로 생겨나겠지요.

인생은 짧다

평안북도 어느 마을에 동네 사람들에게 손가락질을 당하고 사는 두 사람이 있었습니다.

한 명은 소 잡는 일을 업으로 하는 백정 이씨였고, 다른 한 사람은 가죽신 만드는 일을 하는 박씨였습니다.

하루는 이씨와 박씨가 술을 마시다 더 이상 사람들에게 손가락질 받지 않으며 살 수 있는 묘안을 생각해내었습니다.

"맞아! 우리가 더 이상 이렇게 살 필요는 없네. 고향에서 천대받으며 사느니 차라리 타향에서라도 사람답게 사는 것이 낫지 않겠나."

"좋은 생각일세. 설혹 우리가 양반 행세를 한다 해도 의심할 사람이 있기나 하겠나. 당장 떠나세."

한 달 후, 두 사람은 남쪽 충청도 지방에 발을 들여놓았습니다. 그날 이후로 그들은 박진사와 이선달로 행세하며 살았습니다.

하루는 두 사람이 주막에서 술을 마시다가 말다툼을 벌이게 되었습니다. 싸움은 그칠 줄 몰랐고, 구경꾼들이 모여들기에 이르렀습니다.

"참으세요, 박진사님! 점잖은 체면에 이래서야 되겠습니까?"

싸움을 말리던 동네 사람이 한마디 거들자, 이 말을 들은 백정 이씨는 화를 참지 못하고 비밀을 말해버리고 말았습니다.

"뭐, 뭐라고? 이 사람이 진사라고? 웃기지 말게. 이 친구는 평안도에서 가죽신 짓던 갖바치였다네!"

순간 박씨는 얼굴이 노래지더니 자기도 가만히 있을 수 없다는 듯이 큰 소리로 되받아쳤습니다.

"그래, 말이 나왔으니 말이지. 네가 뭐 선달이라고? 웃기지 말게. 여보시오! 이 사람은 백정이라구요!"

순식간에 주막집은 쑥대밭이 되어 버리고, 결국 두 사람은 동네에서 쫓겨났습니다. 빈털터리가 된 박씨와 이씨는 서로「네 탓」이라 탓하며, 각자 타향 길을 헤매게 되었습니다.

다른 사람의 잘못이나 실수를 들추지 말아야 합니다. 다른 사람의 치부를 자꾸만 들추려 하는 행위는 자기가 가지고 있는 오점을 다른 이의 결함으로 감추려 함입니다. 우리는 완성된 채 태어나지 않았습니다. 오점 투성이고 매사 실수 투성이일 수 있습니다. 그래서 바른 길을 가려하고 바르게 생각하려 하고 바르게 행동하려 애씁니다. 자신을 완성시키기 위해 끝없이 노력합니다.

인생은 짧습니다. 우리 모두는 잠시 이 세상에 머물 뿐입니다. 좋은 생각, 바른 행동을 하기에도 시간은 부족할 수 있습니다. 마치 천년만년 살 것처럼 행동하지만, 결국 인간은 우주의 아주 작은 한 부분임을 생각해야 합니다. 따라서 타인을 비난하거나 미워할 때, 또는 이와 비슷한 감정들을 가질 때 우리는 신중해야 합니다.

애석하게도 우리의 눈은 자신을 돌아보기에 인색합니다. 자신의 악은 보지 못하고 남의 악만 보며 피하려고 합니다. 진실로 우리가 타인으로부터 인정받기를 원한다면, 먼저 그들을 인정할 수 있어야 합니다.

오늘 이 포근한 햇살처럼 겸손하고 도량 넓은 마음으로 말이지요.

내 안의 적, 불안

희랍의 어느 도시에 경기에서 늘 우승하는 육상 선수의 동상이 세워져 있었습니다.

동상은 그 선수가 국내의 경기 뿐 아니라, 국제적으로도 나라 이름을 알리는 공을 세웠기에 특별히 세워준 것이었습니다.

그런데 그 나라에 그와 비슷한 실력을 가진 또 다른 선수가 있었습니다. 그는 운이 없는 탓인지 경기에서 좋은 성적을 거두지 못했고, 늘 그의 그늘에 가려져 있었습니다. 하루는 실의에 빠져 지나가다가 경쟁 선수의 동상을 보게 되었습니다.

"맞았어. 바로 저 친구 때문에 내게 승리가 돌아오지 못하는 거야. 저 친구만 없애버리면……."

이러한 마음을 품고 있던 그는 그날 밤부터 매일 동상을 찾아가 조금씩 구멍을 내기 시작했습니다. "이 동상이 쓰러지는 날, 네 놈도 끝장이다. 이젠 내가 승리자가 되는 거라고."

 끓어오르는 질투심을 동상에다 대고 분풀이하던 그가 마침내 동상을 쓰러뜨리고 말았습니다. '아!' 하는 환호성을 지르는 순간, 동상의 조각들이 그의 몸을 덮어 버렸고, 그는 그대로 눈을 감고 말았습니다.

 어떤 사람에게는 성공이 쉽게 찾아오고 또 어떤 사람은 비슷한 환경임에도 빛을 보지 못하는 것일까요? 대자연은 우리 인간을 지배하고 있지만 한 가지 예외가 있다고 합니다. 그것은 바로 인간의 생각입니다.

 그리고 인간의 생각을 교묘히 움직이는 요인 중에 「불안」이 있습니다. 가난에 대한 불안, 비판에 대한 불안, 병에 대한 불안, 사랑의 상실에 대한 불안, 늙음에 대한 이 여섯 가지는 하나하나가 인간을 괴롭히기도 하지만 보통은 다른 불안과 결합되어 강력한 힘을 지니게 됩니다. 불안은 우리들 잠재의식 속에 깊이 숨어 신념을 좀먹는 것이지요. 실패할지도 모른다는 불안은 그만큼 실패의 요인이 되고, 패배할지도 모른다는 불안은 패배를 유인합니다.

불안한 마음에서 나온 충동은 결코 마음의 평화를 가져다 줄 수 없습니다. 불안은 인내력을 약화시키고 자신감을 상실케 하며 급기야는 자제력을 잃게 만듭니다. 뿐만 아니라 사고력과 집중력을 파괴하여 우유부단한 태도를 조장하기도 합니다.

생각하는 것은 무엇이든지 실현할 만한 힘이 있습니다. 불안 역시 인간의 생각으로 제거될 수 있습니다. 자신의 생각을 조절할 수 있다는 것은 자신의 운명을 지배할 수 있다는 의미이겠지요.

기쁨과 행복은

 1912년 초호화 유람선 타이타닉호는 대서양을 항해하고 있었습니다. 첫 항해에 나선 타이타닉호 안에는 수천 명의 사람들이 타고 있었습니다. 그러나 사람들은 몇 시간 후에 타이타닉호가 침몰할 것이라는 사실을 모르고 있었습니다.

 타이타닉호가 빙산을 들이받아 침몰하기 시작했을 때, 그곳에서 불과 50킬로미터 떨어진 곳에서는 캘리포니아호가 항해를 하고 있었습니다. 사고현장으로부터 채 한 시간도 걸리지 않는 가까운 거리였습니다.

 배가 기울기 시작하자, 타이타닉호 무선사들은 필사적으로 구조요청을 보냈습니다. 그러나 무심하게도 캘리포니아호 무선사는 무전기를 꺼 놓은 채 잠들어 있었습니다.

 캘리포니아호는 대형 참사를 알지 못한 채, 항로를 따라 이동했습니다. 만일 무전기를 켜 놓았더라면 그렇게 큰 희생은 없었을 것입니다. 한 사람의 무책임한 행동이 이토록 엄청난 희생을 낳았던 것입니다.

 이 세상에 존재하는 모든 것들은 저마다 어떤 의미를 지니고 있습니다. 그렇듯 강가에 아무렇게 흩어져 있는 돌멩이나 들에 피어있는 야생화도 우리가 알지 못하는 숭고한 의미를 지니고 있겠지요. 꽃이 줄기를 말아 올려 잎을 틔우고, 꽃을 피우듯 자연의 섭리에 따라 움직이며 자기 할 바를 다하고 있습니다.
 인간인 우리가 하는 일에는 그 이상의 의미가 담겨져 있습니다. 지금 하는 일이 하찮아 보인다면, 진지하게 생각해 보아야 합니다. 내가 하는 일이 다른 사람들에게 어떤 편의

를 주고 있는지, 내가 하는 일로 어떤 사람이 행복해하는지를 말이지요.

보청기를 만드는 회사에 다니는 사람이 있었습니다. 좋은 직장에 다니는 친구들을 보며 자신이 더욱 하찮게 생각되고 어쩌면 별 쓸모없는 사람이 아닐까도 생각했겠지요. 그 사람에겐 가족이라곤 홀어머니 밖에 없었는데 어느날 부턴지 어머니의 청력에 문제가 생겼습니다. 급기야 어머니는 보청기에 의지하게 되었고 그는 정성껏 보청기를 만들었습니다. 그리고 자신이 하고 있는 일이 소리를 들을 수 없는 사람들에게 얼마나 큰 행복을 주고 있는지 자신있게 얘기했습니다. 우리가 하는 하나하나의 일은 없어서는 안되는, **빠져서는 안되는** 사회의 한 부분임을 잊지 말아야 합니다.

부메랑 같은 믿음

 모잠비크를 강타한 태풍이 50년 만에 최대의 홍수라는 기록을 세웠을 때, 한 교도소에서 일어났던 아름다운 이야기입니다.

 모잠비크의 수도 마푸토에서 북쪽으로 200킬로미터쯤 떨어진 초크웨라는 도시의 교도소 감방에 물이 차오르고 있었습니다. 교도관들은 재소자들을 어떻게 해야 하나 고민하다가 인도주의적 차원에서 45명의 재소자들을 모두 풀어 주기로 했습니다.

 그중에는 가벼운 죄목으로 수감 중인 죄인도 있었고, 살인 혐의로 기소된 중죄인들도 더러 있었습니다. 교도관들은 이들이 홍수 피해가 가라앉으면 돌아오겠다는 약속을 지킬 것이라고는 기대하지 않았습니다.

 이 태풍으로 160여명이 사망하고, 전국에 콜레라, 말라리아 등 전염병이 돌아 모잠비크는 극심한 혼란과 실의에 빠졌습니다. 그런데 열흘 뒤, 초크웨 교도소와 경찰서까지 휩쓸어버린 살인적인 급류가 찾아들기 시작하자 기적 같은 일이 일어났습니다.

흩어졌던 수인들이 하나 둘 초크웨 경찰서로 모여들기 시작했습니다. 모두 여섯 명의 수인들이 자진출두를 했는데 이들의 이야기를 들어보면, 잃어버린 가족을 찾아서 재해복구를 한 뒤 돌아온 사람이 있는가 하면, 물에 떠내려가는 사람을 구해준 이도 있었다고 합니다.

경찰당국이 조사한 결과, 돌아오지 않은 수인들은 가족을 구하려다 실종되었거나 익사한 것으로 추정된다고 밝혔습니다.

"당신이 다른 사람에게서 대접받기 원하는 대로 다른 사람에게 해주어라."

나폴레온 힐은 성공적인 인생을 위한 마지막 원칙으로 인간적인 믿음에 대해 이야기했습니다. 인간의 본성은 항상 드러나게 마련입니다. 아무리 감추려 해도 빛을 향해 고개를 내밉니다. 진실한 마음으로 행한 행동은 어떤 식으로든 자기 자신을 향해 돌아오는 부메랑과 같습니다. 씨를 뿌린 만큼 거두어들인다는 영원한 법칙처럼 말이지요.

우리가 누군가에게 행복을 안겨 주었다면 또 다른 행복이 되어 돌아오고, 재앙을 주었다면 불행으로 되돌아올 것입니다.

진실은 상대의 마음을 움직이는 최대의 무기입니다.

나눌수록 커지는 사랑

한 대부호에게 나이가 들어 얻은 일곱 살 된 아들이 하나 있었습니다. 아들의 일곱 번째 생일 날, 그는 또래 아이들이 입어보지 못한 멋진 승마복을 아들에게 선물했습니다.

그리고 야외로 산책을 나갔는데, 승마복을 입은 아이의 모습은 무척이나 자랑스러워 보였습니다. 그러나 그날 저녁 무슨 영문인지 씩씩해 보이던 아들이 시름시름 앓기 시작했습니다. 온갖 좋다는 명약과 극진한 간호에도 불구하고, 아들은 일주일 동안 시름시름 앓다가 결국 죽고 말았습니다.

얼마 후 아들을 죽게 한 원인을 알게 된 그는 통탄하지 않을 수 없었습니다. 생일날 입었던 그 옷에 수를 놓은 가난한 침모의 방에서 병균이 묻어 온 것이었습니다. 어둡고 추운 지하실 방에는 삯바느질로 간신히 생계를 꾸려가던 침모와 병들어 누운 남편이 있었습니다. 오한으로 남편의 몸이 떨려오자, 마땅히 덮을 이불도 없던 터라 부인은 수를 놓던 양가

죽 승마복으로 따뜻이 감싸주었던 것입니다.

그때 어둡고 그늘진 방안에 퍼져 있던 병균이 호화롭고 따뜻한 대부호의 집안으로 옮겨간 것이었습니다. 사랑하는 아들을 잃은 대가로, 늦었지만 대부호는 깨달음을 얻게 되었습니다.

"그동안 가난한 사람들에게 너무 무심했구나. 내 것만 챙기기에 급급해 어려운 처지에 있는 사람들을 모른 척한 대가를 톡톡히 받았구나. 남을 위해 베푸는 것이 나를 위한 일이라는 걸 좀 더 일찍 깨달았더라면……."

어떤 사람들은 자신의 가치만을 믿고 다른 사람의 호의를 얻는 것을 등한시합니다. 그러나 현명한 자는 이웃의 도움 없이는 어떤 일도 이룰 수 없다는 것을 압니다. 모든 것은 다른 사람의 호의를 얻었을 때 훨씬 쉽고 완전해지는 것입니다.

학식이나 경제력 등 물질적인 것은 보편타당한 것이 아니어서 가끔은 타고나는 것으로 간주되기도 합니다. 하지만 호의와 친절함은 누구나 누릴 수 있는 정신적인 산물입니다.

그러나 값싼 아첨과 친절을 혼동해서는 안됩니다. 아첨은 상대방을 끌어당기는 것이 아니라 배척하는 결과를 가져옵니다. 진정한 마음으로부터의 관심, 이것이 진정한 호의요, 친절입니다. 호의를 베푸는 사람이나 받아들이는 사람 모두 여과 없이 행하고 받아들일 수 있어야 합니다.

소크라테스의 지혜

 유쾌한 마음으로 산다는 것, 얼마나 큰 축복일까요? 소크라테스가 위대한 철학자가 될 수 있었던 것은 악처인 아내 때문이었다고 말하는 사람도 있습니다.

 소크라테스는 모든 사람들이 가장 진지하게 생각하는 일조차 가끔은 농담을 하듯 받아 넘겼습니다. 소크라테스의 품위를 잃지 않는 지혜를 발견할 수 있는 부분입니다.

 한번은 아내가 소크라테스에게 잔소리를 퍼부은 뒤, 그래도 성이 안 찼는지 물통에 담긴 물을 머리에 부어 버렸습니다. 그러나 소크라테스는 빙긋이 웃으며 말했습니다.

 "천둥이 친 다음에는 소나기가 오게 마련이지."

 "아니, 어떻게 대철학자가 저런 부인과 사는가?"

 주위에서 물을 때마다 그는 이렇게 대답했습니다.

 "사나운 말을 타고 연습을 하면 어떤 말도 다룰 수 있지. 아내를 다룰 수 있다면, 어떤 사람인들 다루지 못하겠나?"

 예리한 분별력과 사고를 가지고 있음에도 농담으로 쉽게 곤경에서 벗어나는 사람들이 있습니다. 얼마든지 자기의 생각을 설득력있게 말할 수 있음에도 말입니다. 그런 사람을 볼 때면 오히려 존중하는 마음이 앞섭니다.

 그렇다고 언제나 농담만 하는 사람이 되어서는 안되겠지요. 농담이 심하다 보면 자칫 허풍쟁이나 거짓말쟁이 취급을 받기 십상이니까요. 적절한 농담으로 상대의 긴장을 풀어주면서 그만큼 진지한 뜻도 통할 수 있는 재치 있는 사람이면 어떨까요.

두려움은 자신감을 무서워한다

로마의 시스틴 성당에서는 300년 동안 알레그이의 명곡인 「미제레레의 노래」가 연주되어 오고 있습니다.

이 작품은 중세 말기를 거치면서 성스러운 곡으로 간주되어, 그 악보의 공개가 금지되어 있었습니다. 때문에 혹 이 악보를 채보(採譜)하는 사람이 있다면 파문당할 것이라는 경고까지 내려져 있었습니다.

1769년 어느 날, 용감하게도 그 아름다운 음률을 악보에 옮겨 적은 13세 소년이 있었습니다. 그는 바로 음악계의 신동 모차르트였습니다. 그는 파문을 당할 것이라는 경고에도 아랑곳하지 않고 그 악보를 적어내려 갔습니다.

"이토록 아름다운 선율을 듣고도 연주할 수 있는 악보가 없다는 사실은 통탄할 일이지 않은가!"

이런 생각을 가지고 있던 모차르트는 용기를 가지고 채보 작업에 착수했습니다. 그의 실력이 유감없이 발휘되어 마침

내 완벽하게 악보화 되었고, 악보는 즉시 출판되어 이내 유럽 전역에서 연주될 수 있었습니다.

어떤 일을 하기 전에 반드시 두려움을 떨쳐버려야 합니다. 「최대의 적」이기도 한 두려움은 수많은 사람들에게 좌절을 안겨 주었지요. 또한 두려움 때문에 시도조차 해보지 못한 경우도 있습니다.

두려움은 마음 저 깊은 밑바닥에 음울하게 자리를 잡고 앉아 있다가 언제든 튀어나와 사람을 나약하게 만듭니다. 잘못되면 어쩌나, 날 비웃지는 않을까 노심초사하게 합니다. 그러나 두려움은 자신감 앞에선 사라집니다.

우리가 알고 있는 위대한 사람들은 비록 가난하거나 힘든 환경이었지만, 할 수 있다는 자신감만큼은 잃지 않았다는 것을 알 수 있습니다. 자신에게 어떤 일이 주어지더라도, "나는 할 수 있어.", "내가 아니면 누가 할 수 있겠어." 라는 자신감을 가지세요. 그러면 분명 마음먹은 대로 일이 이루어진답니다.

긍정적인 생각

 세계의 지붕인 에베레스트 산을 정복하려는 등반 대원들이 험난한 길을 떠나기 전에, 네팔 심리학자들로부터 심리 검사를 받게 되었습니다.
 한 사람씩 검사실 안으로 들어간 등반 대원들은 똑같은 질문을 받았습니다.
 "당신은 정상까지 오를 것 같습니까?"
 이러한 물음에 등반 대원들은 제각기 비슷한 대답을 내렸습니다.
 어떤 이들은,
 "물론, 그렇게 되기를 바랍니다."
 또 어떤 이들은,
 "최선을 다하겠습니다." 라고 말했습니다.
 그런데 이들 중 짐 휘타커라는 한 청년만은 확신에 찬 대답을 했습니다.

"네, 저는 분명히 정상까지 올라가겠습니다."

굳은 결의에 찬 대답을 했던 청년 짐 휘타커는 1963년 5월 1일 마침내 에베레스트 정상 8,888미터에 우뚝 섰습니다. 그는 미국인으로서는 처음으로 에베레스트 정상 정복에 성공한 사람이었습니다.

무슨 일을 시도하기 전에 "할 수 있다."는 자신감이 중요합니다. 처음 해보는 일이라도 "나는 할 수 있다.", "사람에게 있어 불가능이란 없어." 라는 진취적이고 긍정적인 마음

만 있으면 반드시 해낼 수 있습니다.

  우리 주위에는 어떤 일이든 다 잘 해내는 사람이 있습니다. 또 어떤 일을 맡기고 부탁해도 이런 사람은 언제나 "제가 해드리죠." 라고 자신 있게 대답합니다. 대부분의 사람들은 그런 사람을 보며 그저 「재주가 뛰어난 사람」이니까, 하고 쉽게 생각해버립니다.

  그러나 그런 사람들은 보통 사람들에게서 쉽게 찾아볼 수 없는 자신감이 있습니다. 또한 「반드시 잘 될 것」이라는 긍정적인 마음을 지니고 있지요. 어떤 일을 하기 전에 「꼭 해내고 말겠다」는 자신감과 긍정적인 마음이 중요합니다.

  부정적인 마음으로 일을 하게 되면, 성공할 확률은 낮아집니다. 하지만 「반드시 해낼 수 있다」는 긍정적인 마음을 가진다면, 성공할 확률은 그만큼 높아진답니다.

성공을 향한 습관

국내의 어느 권위 있는 주간지는 재미있는 조사를 했습니다.

조사는 다름 아닌 우리나라에서 연봉 1억원 이상을 받는 사람 700여명의 공통점 7가지를 알아내는 것이었습니다. 봉급생활자의 0.1%에 해당되는 이들의 특징은 우리가 사소하게 생각하는 것들이었습니다.

◎ 행복한 가정을 유지한다.
◎ 나이 들어 늙는 것이 아니라, 꿈을 잃어 늙는 것이라는 믿음을 갖고 있다.
◎ 자신을 구조조정 할 줄 안다.
◎ 전직을 두려워하지 않는다.
◎ 독서와 인맥을 만든다.
◎ 위기를 정면 돌파한다.

❈ 자신감이 시작이자 끝이라고 여긴다.

 갈수록 생활이 힘들어질 것이라고 전문가들은 예측합니다. 이젠 평생직장이라는 개념도 사라졌고, 자신이 스스로 경쟁력을 높이지 않으면 살아남을 수 없다고 합니다.
 그러나 무엇보다 중요한 것은, 인간관계를 넓히는 것과 낙천적인 마음을 잃지 않는 것입니다.
 예전에는 기업이 구조조정 대상이었지만, 지금은 스스로를 구조조정해서 경쟁력을 높여야 한다고 합니다. 체력이 약하다면, 새벽이나 밤 시간을 이용해 운동을 하고, 외국어 공부나 자격증 공부는 짜투리 시간을 이용하는 사람들이 늘고 있습니다.
그리고 직장을 두 군데 이상 다니는 사람들도 늘고 있는 추세입니다. 그만큼 세상은 살기 힘들어지고 있다는 뜻이기도 하지요.
 언제나 꿈을 잃지 않고, 책을 가까이 하는 습관, 또한 위기를 피하지 않고 부딪히는 마음이 중요합니다. 행복은 자신의 부족한 부분을 노력으로 채우고, 원하는 곳을 향해 나아갈 때, 비로소 느끼는 것임을 잊지 말아야겠습니다.

행복은 마음의 비움에서

며칠 전에 『우리 생애 최고의 해』라고 하는 영화를 보았습니다. 그 영화의 줄거리를 이야기하자면 이렇습니다.

제2차대전 때, 헤럴드 레셀이라고 하는 청년이 공수부대원으로 전투에 참가했다가 폭탄에 맞아 두 팔을 다 잃어버렸습니다. 불구가 된 그는 낙심과 좌절 속에서 하나님 앞에 기도합니다.

"하나님, 나는 쓸모없는 사람입니다. 나는 쓸모없는 사람입니다……."

그런데 하나님께서 원망의 기도를 하는 그의 귀에 분명히 들려주셨습니다.

"그래도 잃은 것보다 얻은 것이 많지 않느냐."

레셀이 가만히 생각해보니, 자기에게는 아직 생명이 있고, 두 눈이 있고, 두 귀가 있고, 두 발이 있다는 것을 깨달았습니다. 정말 잃은 것보다 얻은 것이 아직도 많다는 것을…….

생각을 바꾼 그는 의사에게 부탁해서 의수를 만들었습니다. 또 열심히 타이프 치는 것을 연습했습니다. 그래서 자기가 지내온 생활을 잘 정리하여 책으로 엮었답니다.

이것이 일약 베스트셀러가 되고 영화로까지 만들어졌습니다. 더욱이 그 영화에서는 자기가 직접 주연과 연출을 맡았다는 것입니다.

　그는 정말로 크게 성공했고, 많은 사람들을 감동시켰습니다. 그래서 영화 제목이 『우리 생애 최고의 해』입니다.

　어느 기자가 그에게 물었습니다.

　"당신은 신체적 조건으로 인하여 절망하지 않았습니까?"

　그는 이렇게 대답했습니다.

　"아닙니다. 나의 육체적인 장애는 도리어 가장 큰 축복이 되었습니다. 여러분은 언제나 잃어버린 것을 계산할 것이 아니라, 하나님에게서 받은 것, 얻은 것을 생각해야 할 것입니다. 그 은혜에 감사하며 그것을 사용할 때에, 하나님께서는 잃은 것의 열매를 크게 보상해주십니다. 더 많은 가능성이 그 앞에 열리게 될 것입니다."

　에디슨은 소년시절 기차 안에서 물건을 팔았는데 잘못하여 관리인에게 귀를 맞고 기차에서 쫓겨난 일이 있었습니다. 그 때 귀를 심하게 다쳐 사람들의 말을 겨우 알아들을 수 있을 정도의 청력밖에 없었습니다. 어느 날, 나폴레온 힐이 구

식보청기에 의지한 에디슨에게 물었습니다.

"잘 듣지 못하는 것이 인생에 커다란 장애가 되지는 않았습니까?"

에디슨은 대답했습니다.

"전혀 그렇지 않습니다. 오히려 내게는 잘 듣지 못하는 것이 큰 도움이 됩니다. 쓸데없는 수다를 듣지 않아도 되니까요. 게다가 덕분에 마음속의 소리도 들을 수 있게 되었답니다."

대부분의 사람들은 부유한 사람들이 적게 가진 사람들보다 더 행복하게 살 거라고 생각하지요. 그러나 정작 그들의 생활을 들여다보면, 그다지 행복하지 않다는 것을 알 수 있습니다.

우리는 때때로 자신이 가지지 못한 것에 대해 열망을 가지곤 합니다. 그러나 사람의 욕심은 끝이 없다는 것을 알아야 합니다.

진정한 행복은「마음의 비움」에서 오는 것이 아닐까 생각해봅니다. 내가 가진 것 외에는 욕심을 부리지 않는 절제된 마음에서 나오는 것이 아마 행복이겠지요.

상상력

한 농부가 도시로 이사를 오면서 잘 훈련된 셰퍼드 한 마리를 데리고 왔습니다. 그런데 그 도시에서는 개를 데리고 있는 것이 적절치 않았기 때문에 그는 그 개를 팔기로 결심했습니다. 그는 개를 데리고 시골로 내려가서 한 농가의 대문을 두드렸습니다. 한 사람이 목발을 짚고 절름거리며 나왔습니다.

그는 인사를 하며 이렇게 말을 건넸습니다.

"이 놈은 아주 훌륭한 개인데, 제가 이 놈을 팔려고 합니다. 혹시 이 놈을 사진 않으시겠습니까?"

목발을 짚고 있던 사람은 "아니오."라고 대답하고는 문을 닫았습니다.

그 사람은 개를 데리고 여러 집을 찾아다니며 똑같은 부탁을 했으나, 매번 똑같은 대답을 들었습니다. 그는 아무도 개를 사려 들지 않는가 보다 하고 단정하고 도시로 돌아왔습니다. 그 날 저녁에 그는 어떤 상상력 풍부한 사람에게 낮에 일어났던 일을 이야기했습니다.

"제가 그 개를 처분해드리지요."

상상력이 풍부한 사람이 말했습니다. 주인은 기꺼이 그에게 개를 맡겼습니다. 다음 날 아침 그 사람은 역시 시골로 내려가서 전날 개 주인이 방문했던 첫 번째 농가를 찾아갔습니다. 노크를 하니 똑같은 노인이 목발을 짚고 절름거리며 나왔습니다.

그 상상력이 풍부한 사람은 그에게 인사를 하며 다음과 같이 말을 건넸습니다.

"보아하니 노인 어른께서는 관절염으로 고생이 많으시군요. 어르신께서는 심부름도 해줄 수 있는 좋은 개를 기르실 필요가 있습니다. 제가 데리고 온 이 개는, 집으로 소도 몰고 올 줄 알고, 야생동물을 쫓아버리며 양떼를 지킬 줄도 알며, 그 밖에 제법 쓸 만한 일을 아주 잘 해내는 좋은 개입니다. 노인께서는 이 개를 백 달러에 사실 수 있습니다."

노인이 대답했습니다.

"좋소, 내가 그 개를 사겠소."

가끔 공상가의 기질을 지닐 필요가 있습니다. 명확한 인생의 목표를 정해 그것을 성취하는 과정에서, 상상력은 아이디어를 끌어내 현실화시키는 도구인 셈입니다. 그리고 한 가지 아이디어를 현실화시키는 데는 무엇보다 결단력을 필요로 합니다. 결단은 우쭐댐이 없이 신중해야 합니다.

운명은 우쭐대는 사람에게 상상할 수도 없는 다양한 방법으로 덮쳐옵니다. 녹초가 되어버려 재기할 수 없을 정도의 타격을 줄 수도 있습니다. 그러나 다시 일어서기만 하면 그런 시련은 교훈이 되어 돌아옵니다. 그때부터 참된 성공이 어떤 것인지 깨닫게 되고 자존심과 가식을 벗어 던지고 살게 되는 것이지요.

가슴이 따뜻한 사람

 필라델피아에 있는 벽돌 공장에서 일하는 존이라는 소년이 있었습니다.
 존은 13살로 나이는 어렸지만 누구보다 착하고 성실했습니다. 이런 존의 마음을 아프게 하는 것이 있었습니다. 그것은 바로 비가 조금만 내려도 진창길이 되어버리는 교회 진입로였습니다. 그 진창길을 걸을 때면 옷이며 신발은 엉망이 되기 일쑤였습니다. 그러나 교인 누구 하나 거들떠보지 않았습니다.
 고심하던 존은 마침내 결심했습니다. 그는 7센트의 임금 중에서 날마다 벽돌을 한 장씩 사서 깔기로 마음먹었던 것입니다. 하지만 그 넓은 길을 존이 혼자서 완성하려면 족히 2년은 걸릴 만큼의 큰일이었습니다.
 존이 벽돌을 한 장씩 깔던 어느 날 기적이 일어났습니다. 존의 모습을 지켜보던 교인들은 그동안 건성으로 지나쳤던 자신들을 반성하고, 길뿐만 아니라 낡은 예배당까지 헐고 신축하기로 결의한 것이었습니다. 소년이 혼자서 2년 이상 걸릴 일이 교인들의 도움으로 몇 달 만에 진창길에서 포장도로로 변화될 수 있었습니다.

한 어린 소년의 배려와 헌신이 사람들의 마음을 움직였던 것입니다. 사랑을 몸소 실천했던 그 소년이 바로 미국의 백화점 왕인 존 웨너메이커입니다.

얼마 전 오랜만에 친구를 만났습니다. 마침 점심때가 되어 간이 뷔페식당엘 들어갔지요. 반찬이 많은 것은 아니었지만, 본인이 먹을 수 있을 만큼 덜어 먹을 수 있어 좋았습니다. 먹다 남은 음식을 버리고 식기들을 퇴식구에 놓고 오면서 아, 이래서 인건비가 절감되어 음식값이 싸구나 생각했지요.

소지품을 챙기러 원래의 자리로 돌아왔을 때 친구는 화장지로 식탁 위에 떨어져 있던 음식찌꺼기를 닦아내고, 앉았던 우리의 의자도 제자리에 집어넣는 것이었습니다. 그 자리에 앉게 될 다음 사람을 위한 배려라는 걸 알 수 있었지요.

생각해보면 그 친구는 항상 그랬습니다. 커피 자판기가 동전만 삼킬 때면 「고장입니다.」 라는 메모를 남겼고, 길가에 불쑥 튀어나온 자전거를 한쪽으로 옮겨 놓는다든지 남을 배려하는 마음이 자연스럽게 몸에 배어있는 친구였습니다. 나는 그런 친구의 모습을 보면서, 세상에는 가슴이 따뜻한 사람들이 많구나하는 생각을 했습니다.

소금창고
셋

잠시 쉬었다 가는 지혜

잠시 쉬었다 가는 지혜

마크트웨인의 아내 사랑

『톰소여의 모험』으로 유명한 미국의 소설가 마크 트웨인은 아내를 너무나 사랑한 애처가로도 잘 알려져 있습니다.

그가 서른 두 살 때, 유럽을 여행하던 중 관광유람선에서 찰스 랭던이라는 청년과 알게 되었습니다. 심심하던 차에 친구가 생기자 그는 찰스와 자주 어울렸는데, 찰스의 선실에 들렀다가 우연히 그의 누이동생인 올리비아의 사진을 보게 되었습니다.

사진 속의 올리비아에게 흠뻑 반한 그는 반드시 그녀와 결혼해야겠다고 마음먹었습니다. 몇 달 후 찰스에게서 만찬회 초대를 받은 마크는 꿈에 그리던 올리비아를 만나자 너무나 기뻤습니다. 만찬회가 끝날 시각이 다가오자, 그녀와 헤어지는 일이 아쉬웠던 마크 트웨인은 마침내 한 가지 꾀를 생각해 냈습니다.

만찬회가 끝나 사람들이 하나둘 돌아갈 때, 그 역시 랭던

집안사람들에게 작별인사를 한 뒤 마차에 올랐습니다. 마차가 막 출발할 즈음 그는 일부러 마차에서 굴러 떨어졌습니다. 곁에 있던 사람들이 깜짝 놀라 소리치고 마크는 기절한 척하며 연극을 했습니다. 그렇게 해서 마크는 찰스의 집에서 2주일이 넘도록 머무를 수 있었습니다.

그 사이 마크는 올리비아를 볼 때마다 간절히 청혼했지만 번번이 거절당했습니다. 결국 열일곱 번째 프로포즈에서 간신히 그녀의 승낙을 받아냈습니다.

마크 트웨인은 아내 올리비아를 처음 봤을 때부터, 단 한 순간도 아내를 생각하지 않은 적이 없었습니다. 훗날 그의 아내는 얼음 위에서 미끄러진 일로 평생동안 몸이 불편한 채 지내야 했지만 마크 트웨인의 마음은 늘 한결 같았습니다.

아파서 침대에 누워 지내는 일이 많은 아내를 위해 하루는 그가 뜰의 나무마다 이런 글을 붙여 놓았다고 합니다.

"새들아, 울지 마라. 아내가 자고 있으니까."

지금 누군가를 사랑하고 있나요? 그렇다면 그 사람에게 다가가서 그 애틋한 마음을 고백해보세요. 혹시 짝사랑으로 끝날 법한 사랑이 이루어질 수도 있으니까요.

사랑이라는 감정은 결코 부끄러운 감정이 아니지요. 세상에서 가장 아름다운 사람은 사랑에 빠진 연인이라고 말합니다. 또한 사랑에 빠지면, 누구나 시인이 된다고 말하지 않던가요. 사랑은 스스로를 의미 있는 존재로 느껴지게 할 뿐 아니라 희망과 꿈을 안겨줍니다.

누군가를 사랑함에 있어 가장 중요한 것은 무엇일까요? 그것은 눈에 보이는 것보다 보이지 않는 부분을 사랑하는 것이겠지요.

이 세상에 존재하는 모든 것들은, 시간이 지남에 따라 서서히 낡고 시들게 마련이지요.

하지만 사랑은 이런 부분까지 한결 같은 마음으로 껴안고 소중히 생각게 합니다. 마크 트웨인이 단잠에 든 아내 올리비아를 위해 나무에 써 붙였던 '새들아, 울지 말아라. 아내가 자고 있으니까.' 라는 글이 나의 가슴에 잔잔한 감동으로 남아 있습니다.

내면과 외양

어느 날 해가 말했습니다.

"나뭇잎은 초록색이야."

그런데 달이 나뭇잎은 은색이라고 우겼습니다. 다시 달이 "사람들은 늘 잠만 잔다."

그러자 해가, "아니야, 그들은 언제나 분주하게 움직이고 있어."

달은 그렇지 않다고 했습니다. 이렇게 해서 말다툼이 벌어졌습니다.

그 때 바람이 지나가다가 그들의 말을 듣게 되었습니다.

"둘 다 쓸데없는 논쟁들을 하고 있구나!"

하고는 웃으면서 말했습니다.

"나는 낮에 해가 떠있을 때도, 밤에 달이 떠있을 때도 불지. 해가 빛을 비추는 낮에는 해가 말한 대로 땅이 시끄럽고, 사람들은 바쁘게 움직이며, 나뭇잎은 초록색이 된단다. 그러나 달이 빛을 비추는 밤이 되면 모든 것이 달라지지. 사람들은 잠을 자고 온 땅이 고요해지며, 나뭇잎은 은빛이 된단다. 너희들은 진실을 모두 알고 있지 못한 거야."

내면과 외양, 사물은 그 실제가 아니라 나타나는 모습으로 통용됩니다. 우리의 눈은 외양만을 보는 것에 익숙해져 내면을 깊이 들여다보지 못하기도 합니다. 그래서 내면을 숨기고 겉으로 정직한 것처럼 행동하는 사람에게 속기도 하나 봅니다.

첫인상이 특히 그렇습니다. 아주 짧은 순간, 첫인상으로 그 사람의 전부를 상상해버리니까요. 가장 범하기 쉬운 실수 중의 하나입니다. 다채로운 인간의 모습에서 내면을 주시하기란 그만큼 어렵기 때문이겠지요.

모든 것은 양면을 지니고 있습니다. 눈에 보이는 것이 마치 전부인 것처럼 취급하는 어리석음을 범하지 말아야 합니다. 인간의 착각은 쉬우나 그것을 되돌리기에는 많은 시간이 필요합니다. 외양보다는 내면을 직시할 수 있는 지혜를 키워야 합니다.

성공의 계단

휴 애런슨은 18세의 젊은 나이에 고향 스웨덴을 떠나서 혼자 미국으로 이민을 갔습니다. 그러나 넓은 땅, 누구 한 사람 반겨주는 이 없었을 뿐만 아니라, 그 흔한 일자리 하나 찾을 수가 없었습니다. 그러던 중에 가지고 있던 돈도 다 떨어지고 말았습니다.

하루는 허기진 배를 움켜쥐고서 무작정 서부로 가는 기차 화물칸에 올라탔습니다. 하지만 승무원에게 발각되어 열차에서 쫓겨나고 말았습니다.

그는 강가에 쪼그리고 앉아 강물에 비친 처량한 자신의 모습을 보며, 차라리 저 강물에 몸을 던져 버릴까 하는 생각까지 했습니다. 그러나 그때 불현듯 그의 마음속에 성경 구절이 하나 떠올랐습니다.

'내가 선한 싸움을 싸우고 나의 달려갈 길을 마치고 믿음을 지켰으니……'

 그는 그 말씀을 가만히 묵상하면서 스스로에게 질문을 던졌습니다.
 "나는 과연 지금까지 나의 인생길에서 최선을 다했는가?"
 순간 그는 그 자리에서 두 주먹을 쥐고 일어났습니다. 그리고는 자기가 지나온 모든 과거를 흘러가는 강물 위에 털어 버리고 더 열심히 살아보기로 결심했습니다.
 30년 후, 휴 애런슨은 몬테나 주의 영광스러운 주지사로 선출될 수 있었습니다.

우리는 헨리 포드나 에디슨 같은 성공한 사람들을 잘 알고 있습니다. 그들은 마음속에서 상상하고 믿는 대로 이루어진다는 진실을 믿었고, 보통사람이 보기에는 불가능할 것 같은 일들을 지칠 줄 모르는 열정과 끈기로 결국 성공으로 이루어낸 사람들입니다.

또한 실패를 두려워하기보다는, 더 나은 생각으로 이끌어주는 성공의 계단으로 생각했던 것이지요.

여러분들은 어떻습니까? 지금 하고 있는 공부나 일들이 계획대로 이루어지지 않는다고 낙담만 하고 있지는 않나요? 만일 그렇다면, "내가 정말 열심히 했었던가?" 하고 되돌아보는 시간을 가져보세요. 성공을 위한 가장 중요한 열쇠는 소망을 실현하고야 말겠다는 강한 신념입니다.

고개를 숙일 줄 아는 겸손

역사에 오명을 남긴 타이타닉호는 세계 최대의 여객선이었습니다.

1912년 4월 14일 전 세계의 이목이 집중된 가운데, 대서양 횡단을 목적으로 처녀항해에 나섰습니다. 2,300여 명이라는 엄청난 수의 승객을 태우고 타이타닉호는 유유히 바다 한가운데를 항해하고 있었습니다.

캐나다 동부 해안에 이르렀을 때, 해안 통제소로부터「빙산 주의!」라는 무전을 받았습니다. 그러나 항해사는 거대한 타이타닉호를 신뢰한 나머지 선장에게 보고할 생각조차 하지 않았습니다.

급박해진 통제소에서는 계속 무전을 보내왔지만, 이미 자리를 뜨고 만 항해사는 무전이 오는 것을 알 리 만무했습니다. 타이타닉호의 최후를 얼마 남겨두지 않은 시간, 그제서야 선장은 항해사로부터 다음과 같은 보고를 받았습니다.

"전방에 빙산이 있다는 무전을 받았는데 어찌 할까요? 설마 이 타이타닉호가 빙산 따위에 눈깜짝이나 하겠습니까?"

선장도 항해사의 말에 맞장구를 치듯이, "하나님이라도 감히 이 배를 어찌할 수 없을 걸세. 항해를 계속해!"라고 명령했습니다.

그러나 수 킬로미터도 못 가서 타이타닉호는 그 거대한 몸체를 바다에 내맡기고 말았습니다.

승객 2,300명 중 단 700여 명만이 살아남은 이 사건은, 인간의 교만이 불러들인 처참한 결과였습니다.

우리 인간이 제 아무리 뛰어나다 한들 자연 앞에서는 보잘 것 없는 존재입니다. 여름날 장마에 제방이 무너지고, 논과 밭이 휩쓸려가기도 하지요. 또 겨울에 심하게 내린 폭설로 교통이 마비되는가 하면, 논의 하우스가 망가져 일년 농사를 망치기도 합니다.

이렇듯 자연은 인간의 능력으로는 어쩔 수 없는 존재입니다. 이런 대자연의 섭리 앞에서 인간이 고집하는 지나친 확신은 금물입니다. 그럼에도 간혹 자만에 빠져 있는 사람들을 보곤 합니다. 하지만 그러한 자만으로 인해 결국에는 파멸의

수렁텅이로 빠지게 될 수도 있음을 잊지 말아야 합니다.

    높은 지위에 오르면 오를수록, 학식이 많으면 많을수록, 겸손해지도록 노력해야합니다. 익은 벼가 고개를 숙이듯이, 자신의 능력이 다른 사람들보다 뛰어날 때, 고개를 숙일 줄 아는 겸손함이 삶의 지혜입니다.

입장을 바꿔 생각해 보면

멕시코에 빼어난 용모를 지닌 여왕이 있었습니다. 여왕은 자주 정신착란을 일으켜 수용소에 감금되었습니다.

어느 날 여왕은 경비원의 소홀한 감시를 틈타 수용소를 탈출하고 말았습니다. 외부로부터 치명적인 공격을 받거나 아니면 자해행위를 할 수도 있는 상태여서 간수들은 불안에 몸을 떨었습니다.

평소 여왕을 모시던 하인들과 간수들이 비상회의를 열었습니다.

"여왕을 안전하게 수용소로 인도하는 방안을 연구합시다."

아무도 뾰족한 방법을 제시하지 못했습니다. 그때 여왕을 가장 가까운 곳에서 모셨던 한 하녀가 나섰습니다.

"여왕은 붉은 장미를 아주 좋아하십니다. 수용소에서부터 길 위에 장미를 뿌려놓으십시오. 그러면 틀림없이 수용소로 돌아오실 것입니다."

간수들은 여왕이 잘 다니던 길에 장미를 뿌렸습니다. 장미를 뿌린 며칠 후, 여왕이 장미를 들고 돌아오는 것이었습니다.

 한 사람이 말을 잃어버리고 나서 그 말을 찾아주는 사람에게 5달러를 주겠노라는 내용의 공고를 냈습니다. 며칠 후에 저능아처럼 보이는 한 소년이 말을 끌고 와서는 보상을 요구했습니다. 그 말의 주인은 그 애가 어떻게 말을 찾아냈을까 하고 궁금해졌습니다.

"말이 있는 곳을 어떻게 찾아냈니?"

하고 주인이 묻자 소년은 이렇게 대답했습니다.

"예, 제가 만일 말이라면 어디로 갔을까 생각해보고, 그곳에 갔더니 정말 말이 있었습니다."

다른 사람이 어떻게 행동할까를 알고 싶다면, 내가 그 사람과 똑같은 입장이라면 어떻게 할까를 생각해볼 필요가 있습니다.

"만약 내가 이러한 상황에 처한다면 아마 나는 저 사람보다 더 나빠질 수 있어."

라고 인정한다면 세상은 훨씬 달리 보일 것입니다.

예전에 나의 어머니는 옆집 자식들에게 좋은 일이 생기면 덩달아 좋아하셨습니다. 자기 자식도 아닌데 뭐가 그리 좋으냐고 투덜대면 어머니는 이렇게 말씀하셨습니다.

"입장을 바꿔 생각해봐. 내 자식이 잘되면 얼마나 기쁜데……."

내 어머니의 말씀은 역시 명언이었습니다.

행복의 씨앗을 파는 가게

 새로 생긴 상점을 발견한 여인이 호기심이 가득한 얼굴로 가게 문을 열고 들어갔습니다. 마음씨 좋아 보이는 상점 주인은 따뜻한 얼굴로 여인을 맞았습니다. 여인도 미소를 지어 보이며 물었습니다.
 "여기선 무얼 팔지요?"
 그러자 주인은 엉뚱하게도 이렇게 대답했습니다.
 "당신이 원하는 것은 무엇이든지 팝니다."
 라고 대답하는 것이었습니다.
 순간 당황한 여인은 잠시 생각 끝에, 인간이 바랄 수 있는 최고의 것을 사기로 마음먹었습니다. 그리고 이렇게 말했습니다.
 "마음의 평화와 사랑, 행복, 지혜, 그리고 두려움으로부터의 자유를 주세요."
 이번에는 주인이 입을 꾹 다물고 손을 턱으로 만지작거리며 한참을 생각하고 나서 대답했습니다.

"죄송하지만, 찾으시는 걸 드릴 수 없겠군요, 부인. 이 가게에서는 열매는 팔지 않습니다. 오직 씨앗만을 팔지요."

어떤 사람이 진정으로 행복한 사람일까요? 재산이 많아 좋은 집에 사는 사람, 좋은 자동차를 타고 다니는 사람, 아니면 권력과 명예를 지닌 사람……. 과연 누가 삶에 만족을 느끼며 살아갈까요. 우리 주위에는 돈이 많으면 행복할 텐데, 하고 생각하는 사람들이 많습니다. 그러나 돈이란 행복의 수단이 될 뿐이지 행복 자체가 될 수는 없음을 알아야 합니다.

나 또한 예전에 사고 싶은 것을 마음껏 살 수 있을 만큼의 돈만 있으면, 진정 행복하리라 생각했던 적이 있었습니다. 하지만 살아가면서 느낀 것은 행복은 결코 물질로 얻을 수 없다는 것이지요.

사람들은 누구나 행복을 누릴 수 있습니다. 몸이 불편한 사람이든, 가난한 사람이든, 많이 배우지 못한 사람이든……. 다만 행복은 자신의 마음속에 씨앗으로 자리한다는 것입니다. 그 씨앗을 어디에 뿌리느냐에 따라 행복의 꽃으로 피기도 하고, 불행의 꽃으로 피기도 하는 것이겠지요.

가장 소중한 것

미국 프로야구 홈런왕 마크 맥과이어는 고난의 강을 건너 영웅이 된 사람입니다.

그는 1993년 허리와 발목 부상을 입은 후, 3년 동안 제대로 스윙을 할 수 없게 되자, 은퇴를 결심했습니다. 그때 그를 다시 일으켜 세운 것은 사랑하는 아들 매튜였습니다. 맥과이어는 자신을 영웅처럼 따르는 아들에게 실망을 주고 싶지 않아 다시 배트를 움켜쥐었습니다.

그의 아들 매튜는 맥과이어가 49호 홈런을 날려 「신인왕 최초 50홈런」이라는 대기록을 눈앞에 두고 있을 때 태어났습니다. 맥과이어는 아들 매튜가 태어나던 날, "50호 홈런은 언제든지 칠 수 있다. 그러나 아이가 태어나는 것은 오늘 뿐"이라면서 병원으로 향했습니다. 사람들은 맥과이어를 이 세상 누구보다 가슴이 따뜻한 사람으로 기억하고 있습니다.

맥과이어는 지금도 학대받는 어린이들을 위해 매년 1백만

달러를 기부하고 있습니다. 그는 이 땅의 아버지들을 향해 이렇게 말합니다.

"아버지들이여, 여러분들이 자녀의 영웅이 되십시오."

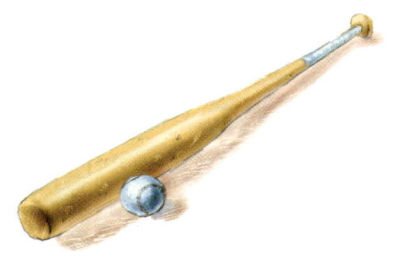

아버지! 그리운 이름입니다. 돌아가시고 나니 내겐 아쉬움과 후회뿐입니다. 보고 싶지만 다시는 볼 수 없는 얼굴입니다. 왜 인간은 늦게 깨닫는지 모르겠습니다. 살면서 아버지는 그저 내게 무관심한 사람이라고만 생각했습니다. 내가 다가가 조금만이라도 아버지를 알 수 있었다면, 그 무관심은 미안함이 섞인 침묵이었음을 눈치 챘을 텐데 말입니다.

우리는 종종 가장 소중한 것들을 잊은 채 살아갑니다. 후회하고 깨달았을 땐 이미 늦습니다. 가족의 소중함은, 그 그늘이 항상 드리워져 있어 깨닫지를 못합니다. 다른 사람에게 들이는 정성, 친절, 이해의 십분의 일만 쏟아도 충분할 것인데 왜 그러지를 못하는지 아쉽습니다. "나중에 잘하면 되지."라고 다짐하지만 중요한 순간은 지금이라는 것을 명심해야 합니다.

운명은 노력하는 사람의 편

어느 의과대학에서 교수가 학생에게 질문을 했습니다.

"한 부부가 있는데, 남편은 매독에 걸려있고, 아내는 심한 폐결핵에 걸려있다네. 이 가정에는 아이들이 네 명이 있었는데, 한 명은 며칠 전에 병으로 죽었고, 남은 아이들도 결핵으로 누워있어 살아날 것 같지가 않네. 이 부인은 현재 임신 중인데, 어떻게 하면 좋겠는가?"

그러자 한 학생이 큰 소리로 질문에 대답했습니다.

"낙태수술을 해야 합니다."

가만히 듣고 있던 교수는 이렇게 말했습니다.

"자네는 방금 베토벤을 죽였네."

이처럼 불행한 상황에서 다섯 번째 아이로 태어난 사람이 바로 베토벤이었습니다.

날씨가 갑자기 쌀쌀해져 며칠 동안 화분을 거실에다 두었었는데 바람을 쏘여주려 다시 마당에 내놓았습니다. 그런데 생기 있던 꽃들이 시들해지기 시작하는 것이었습니다. 처음엔 병이 들었나 걱정을 했습니다.

하지만 이틀이 지나자 차츰 꽃들이 다시 생기를 되찾기 시작했지요. 아, 그랬습니다. 찬바람 분다고 꽃을 거실에다 놓아두었기 때문에, 꽃들이 약해졌던 것이었지요. 나는 그때 깨달았습니다. 때론 시련은 자신을 강하게 만들어준다는 것을.

우리가 알고 있는 위대한 사람들 중 대부분이 불행한 환경에서 자랐다는 것을 잊지 말아야 합니다. 그 불행에 묶여 있기보다는 극복했기 때문에, 성공할 수 있었던 것이지요. 운명은 타고나는 것이 아니라 끊임없이 노력하는 사람의 것입니다.

포기하지 말라

윈스턴 처칠은 20세기 가장 뛰어난 정치가 중의 한 사람입니다. 중학교 시절 처칠은, 영어 과목에서 늘 낙제를 받는 바람에 3년 동안이나 유급을 해야 했습니다.

또 처칠은 명문가의 자제라는 특전으로 육군사관학교가 아닌 포병학교에 입학하게 되었습니다. 그런 그가 먼 훗날 옥스퍼드대학의 졸업식에서 축사를 하게 되었습니다.

처칠은 우레와 같은 박수를 받아가며 위엄 있게 연단으로 걸어 나와서 천천히 모자를 벗어놓고 청중을 바라보았습니다. 청중은 숨소리를 죽이며 그의 말을 기다렸습니다.

"포기하지 말라."

이것이 그의 첫마디였습니다. 그러고는 처칠은 천천히 청중석을 둘러보았습니다. 사람들은 조용히 그의 다음 말을 기다렸습니다. 처칠은 목청을 가다듬고 다시 소리쳤습니다.

"포기하지 말라!"

위엄으로 가득 찬 동작으로 처칠은 연단을 걸어 나갔습니다.

우리 인간이 지닌 능력 가운데 가장 위대한 것은 무엇일까요? 지혜와 용기, 상상력 등 무수히 많겠지요. 그러나 이 중에서도 포기하지 않는 「인내력」이 아닐까 생각합니다.

인생에 있어 포기하지 않는 인내력은 실패 속에서도 점점 더 나은 발전을 가져다줍니다. 언뜻 보기에는 제 자리에 있는 듯하지만, 인내력에 의해 조금씩 앞으로 나아가고 있음을 알 수 있습니다.

성공한 사람들은 실패한 과거를 뒤돌아보지 않습니다. 그들의 눈은 실패한 과거가 아니라 미래를 향해 열려 있기 때문입니다. 그들은 자신의 뒤에서 쫓아오는 사람들에게 대단히 호의적이며 항상 남에게서 무언가를 배우려는 자세를 잃지 않습니다.

지금 우리가 하고 있는 일이 보잘 것 없다 하더라도 실망하지 말아야 합니다. 성공의 싹이 우리의 마음속에 깃들어 있는 한 반드시 그 열매를 맺을 날이 올 테니까요.

시련은 인생의 비타민

 영국의 조지 왕은 형의 죽음으로 갑작스레 보위에 오르게 되었고, 너무나 힘든 국무로 인해 시름이 그치지 않았습니다.

 왕은 어느 날 작은 도시의 한 도자기 공장을 방문하게 되었습니다. 평소 도자기에 남다른 관심을 가지고 있던 왕은 모든 일정을 마친 뒤, 모처럼 편안한 마음으로 도자기 공장을 둘러보았습니다. 그러다 두 개의 꽃병이 특별히 전시되어 있는 것을 보게 되었고, 왕은 그곳에서 걸음을 멈추었습니다.

 유심히 살펴보니, 두 개의 꽃병은 동일한 원료에 디자인과 무늬까지 똑같았지만, 하나는 예술품으로 보이는데 다른 하나는 전혀 볼품이 없었습니다. 이를 이상하게 여긴 왕이 공장장에게 물었습니다.

 "어째서 저렇게 서로 다를 수 있는가? 또 저 두 꽃병을 나란히 둔 이유는 무엇인가?"

왕의 물음에 공장장은 이렇게 대답했습니다.

"이유는 간단합니다. 하나는 구워졌고, 하나는 구워지지 않았기 때문입니다. 구워진 도자기가 빛을 발하듯, 시련은 인생을 윤기 있게 하고 생동감 있게 하며, 무엇보다 아름답게 합니다. 저 두 개의 꽃병을 나란히 이곳에 전시해 둔 것은, 바로 그런 뜻을 보여 주기 위한 것입니다."

테이블에 있는 장미꽃 한 다발을 바라봅니다. 장미꽃은 언제 봐도 아름답습니다. 무심코 장미꽃에 코끝을 대봅니다. 문득, 어릴 적에 마당에 피었던 장미꽃이 생각났습니다.

어머니께서 매일 손질하시며 가꾸시던 그 장미꽃에서는 유난히 진한 향기를 맡을 수 있었지요. 요즘 흔히 보는 장미꽃은 거의가 온실에서 재배된 꽃이랍니다. 따뜻한 온실에서 자란 장미꽃에게선 예전의 향기가 느껴지지 않습니다. 바람냄새, 태양냄새가 빠진 때문이겠지요.

우리의 인생도 마찬가지입니다. 시련 없이 그저 편하게 살아간다면, 온실에서 핀 장미꽃과 다를 바 없습니다. 때론 고통스러운 시련에 부딪히기도 하며 살아갈 때, 그러한 삶 속에서 진정 장미꽃의 진한 향기 같은 의미를 찾을 수 있겠지요.

고생은 인생을 향기롭게 한다

16세기 일본의 무왕들 중 하나였던 다다오끼 호사카우는 유명한 한 정치가로부터 이런 질문을 받았습니다.

"폐하께서는 어떤 사람이 가장 유능한 사람이라고 생각하십니까?"

"유능한 사람이란 아카시만의 굴과 같은 사람이오."

정치가는 그 답변을 듣고 이렇게 말했습니다.

"폐하의 말씀이 옳습니다."

그러나 주위에 있던 많은 사람들은 그 말의 참뜻을 모르고 있었습니다.

그들 중 한 사람이 질문을 했습니다.

"우리는 폐하의 말씀이 무엇을 의미하는지를 이해하지 못하고 있습니다."

그때 정치가가 설명했습니다.

"아카시만은 여러 만들 중에서 폭풍우가 가장 심한 곳입니다. 폭풍우 때문에 거센 파도가 서식하는 굴 등을 이리저리 때립니다. 그러나 그 곳에서 가장 맛이 좋은 굴이 생산되고 있습니다. 역사적으로 볼 때 유능한 사람들은 역경을 딛고 탄생했던 것입니다."

많은 사람들이 좋아하는 진주가 어떻게 만들어지는지 알고 있나요? 간단하게 말하자면, 이렇습니다. 조개의 몸 속에 모래가 들어가면, 조개는 아파서 그 모래를 몸 바깥으로 밀어내려고 안간힘을 씁니다. 그렇게 조개 몸 속에서 모래가 끊임없이 부대끼다 조개 몸 속에서 나온 액과 뒤섞여 아름다운 진주가 만들어지는 것이지요.

우리가 살아가는 세상도 다를 바 없습니다. 목표한 바를 이루기 위해 시련을 두려워하지 않고 용기 있게 행동한 사람 중에 존경을 받는 사람들이 많이 있습니다. 이는 자신이 겪은 고생 속에서 남을 이해하는 마음과 배려하는 마음을 배웠기 때문이 아닐까요? 고생은 인생을 향기롭게 합니다.

운명의 주인은 바로 나

하늘에서 천둥번개가 치는 것을 보고 사람들은 두려움에 몸을 숨겼습니다.

그러나 프랭클린은 천둥번개를 보고 어둠을 환하게 밝힐 전기를 상상했습니다. 월트 디즈니는 직장에서 정리해고를 당한 후, 창고에서 비참한 생활을 하며 지내는 동안 사람들이 기겁을 하는 쥐를 보고서 「미키 마우스」란 캐릭터를 만들어 일약 세계적인 부호가 될 수 있었습니다.

로댕은 사람들이 거들떠보지도 않는 바위를 다듬어 불후의 명작인 「생각하는 사람」을 만들었습니다. 그리고 도스토예프스키는 간질병 환자였음에도 신체적 고통을 「거룩한 병」으로 여기며 문학에 정진해 수많은 명작을 남길 수 있었습니다.

은행원이던 O.헨리는 공금횡령죄로 체포되어 3년간 복역하던 중, 인간의 본질에 대한 깊은 이해와 자신의 위대한 가

능성을 깨닫고, 출소 후 600여 편의 작품을 써 이름을 빛낼
수 있었습니다.

신은 우리 인간에게 능력을 공평하게 나누어 주었습니다.
운동 신경이 발달된 사람이 있는가하면, 음악적 재능을 타고
난 사람이 있고, 또한 문학적 재능이 뛰어난 사람도 있습니다.

그리고 말을 잘하는 사람이 있으면, 잘 들어주는 사람도
있습니다. 누구나 한 가지씩은 남보다 잘 할 수 있는 능력이
있지요. 다만 그 능력을 찾느냐 못 찾느냐에 달려 있습니다.

우리가 성공했다고 말하는 사람들은 자신의 능력을 일찍 찾아낸 사람들입니다. 성공해야겠다는 간절한 소망만으로 성공이 이루어지는 것은 아닙니다. 성공의 적은 경쟁자도 가난한 환경도 아닌 자기 자신임을 알아야 하겠습니다. 우리가 성공한 사람들의 얘기를 즐겨 이야기하는 것은 운명의 주인은 바로 자신임을 알았던 그들의 인내심과 열정 때문일 것입니다.

인생의 지름길

미국의 유명한 흑인 여가수 마리안 앤더슨이 하루는 이런 질문을 받았습니다.

"당신이 이토록 유명한 가수가 되기까지에는 어떤 계기가 있었으리라 생각되는데, 그것이 무엇이었습니까?"

이에 앤더슨은 자신의 자서전에 기록된 대로 대답했습니다.

"저는 어려서부터 교회를 다녔습니다. 그리고 철이 들면서 성가대에서 찬양을 했지요. 잘하지는 못했지만, 열심히 했습니다. 그런데 언제부턴가 독창자가 결석을 하는 날이면 지휘자는 제게 독창을 하라고 했습니다. 저는 지휘자의 말에 따랐고, 예배를 마치면 언제나 목사님은 제 노래에 대해 칭찬과 비평을 해주셨습니다. 저는 독창하는 것이 좋았고, 목사님의 평을 듣는 것이 좋았습니다. 그래서 그 이후로 저는 절대로 교회에 빠지는 날이 없었습니다. 언제 제게 독창하는 기회가 주어질지 몰랐기 때문입니다. 그 후로 제 노래 실력이 향상되어 갔고, 주일마다 접하는 하나님의 말씀을 통해 제 믿음도 노래 실력 못지않게 커져 갔습니다."

많은 사람들은 "나에게도 그런 기회가 주어졌더라면, 꼭 성공했을 텐데……." 하고 말을 합니다.

하지만 어떤 기회라도 준비되지 않은 사람에게는 무용지물이 되고 말지요. 이와 반대로 항상 준비되어 있다면, 기회가 다가왔을 때 자신의 것으로 만들 수 있습니다.

자신에게 맡겨진 일에 충실하다보면, 능력을 인정받을 기회는 반드시 찾아옵니다. '아, 정말 되는 일이 없어.', 라는 생각이 들 때, '내가 정말 최선을 다한 걸까?' 하고 자신에게 반문해 보세요. 만일 그렇지 않다는 생각이 든다면, 다시 마음을 쏟아보세요. 그러면 분명히 원하는 바를 이룰 수 있을 겁니다.

우리는 잊지 말아합니다. 언제나 성공을 거머쥐는 사람은 좌절하지 않는 사람이라는 것을. 또한 실패한 사람은 자신감이 결여된 사람이라는 것을.

보이지 않는 마음

어느 장군의 아홉 살 난 귀여운 딸이 바깥에서 놀고 있었습니다. 그런데 어떤 사람이 다가와 선물을 주고는 어디론가 사라졌습니다. 낯선 손님으로부터 선물을 받은 딸은 자기 아버지 앞에 가서 자랑했습니다. 그 선물은 다름 아닌 보석 상자였습니다.

그러나 아버지는 한참 생각한 후, 딸에게 그 보석 상자를 내다 버리라고 말했습니다. 순간 그 딸은 울먹이면서 아버지가 언제 이런 선물을 주었던 적이 있냐며 따지듯이 말했습니다. 그러나 딸의 아버지는 조용하게 말했습니다.

"아빠가 너를 사랑하는 것 알지? 또 그것을 믿을 수 있지?"

딸은 울음을 그치고 그제서야 아버지를 쳐다보며 대답했습니다.

"네, 아빠."

"그렇다면 내 말대로 내다 버리거라."

아버지의 말을 듣고, 이 아이는 결국 이 상자를 밖에 내다 버리고 돌아왔습니다. 그리고 얼마 후 그 상자가 "쾅"하고 터지는 폭발소리가 들려왔습니다. 이것은 그 장군을 살해하기 위해 만들어진 시한폭탄이었던 것이었습니다.

인생에 있어 보이는 것보다 보이지 않는 것이 더 중요합니다. 우리의 눈에 보이는 부분은 가식적인 부분이 많지요. 대부분의 사람들은 이런 가식적인 부분에 현혹되어 정작 중요한 부분은 잃어버리기도 합니다. 누군가와의 만남에 있어서도 그 사람의 마음보다는 외모에 더 신경을 씁니다. 사실 첫인상도 중요하지요. 그러나 첫인상보다 더 중요한 것은,

그 사람의 외모가 아니라, 그 속에 담겨 있는 진실한 마음이 아닐는지요.

　보면 볼수록 정감이 가는 사람이 있는가하면, 오히려 정감이 떨어지는 사람도 있습니다. 왜 그럴까요? 그 사람에게서 풍겨나는 사람 냄새 때문이겠지요. 주위에 유독 친구가 많은 사람들을 살펴보면, 그들에게선 여유와 편안함을 느낄 수가 있습니다. 나눠 갖기를 좋아하고 무슨 일에든 긍정적이고 낙천적이지요. 바쁜 일상에서 허탈해질 때 그리워지고 찾아지는 그런 사람이 될 수 있어야겠지요.

진정한 용기

『톰소여의 모험』, 『허클베리핀』 등 전 세계 청소년들에게 꿈을 심어 주었던 미국 작가 마크 트웨인은 현실을 보는 날카로운 눈을 가지고 있었습니다.

그는 1870년 장편소설 『도금시대』에서 미국 정부의 부패상과 자본가들의 거대한 영향력을 폭로했습니다. 그의 신랄한 비판은 전 미국 언론의 주목을 받기에 충분했습니다.

어느 날 마크 트웨인은 미국 국회의원의 도덕성을 묻는 질문에 아무 생각 없이 "미국 국회의 어떤 의원은 개자식이다."라고 말했습니다.

며칠 후 한 일간 신문은 사석에서 마크 트웨인이 했던 말을 그대로 발표했습니다. 그 기사는 워싱턴 국회를 벌집 쑤신 것처럼 들끓게 했습니다.

의원들은 일제히 마크 트웨인이 한 말이 사실인지 여부를 똑똑히 밝히거나, 잘못을 인정하는 발언을 신문에 발표하지 않으면 법률적인 모든 수단을 동원해 맞서겠다고 입을 모아 발표했습니다. 그러나 마크 트웨인은 아무런 말도 하지 않았습니다.

며칠 후 『뉴욕타임즈』에 마크 트웨인의 성명이 게재되었습니다.

"며칠 전 나는 한 모임에서 미국 국회의 어떤 의원은 개자식이다.라고 말했습니다. 그 후 어떤 사람들은 나에게 잘못을 인정하라고 계속 협박해 왔습니다. 나는 재차 고려해 보았는데, 그 모임에서 내가 한 말은 그리 옳지 않을 뿐 아니라 사실에 맞지 않다는 생각이 들었습니다. 이에 오늘 특별히 성명을 발표해 나의 말을 다음과 같이 수정합니다. 미국 국회의 어떤 의원은 개자식이 아니다."

옳지 않은 일을 옳지 않다고 말하는 사람은 진정으로 용기 있는 사람입니다. 나는 위의 글을 읽고 나서 이런 생각을 해보았습니다. 과연 우리 주위에는 소신을 가지고 주어진 길을 가는 사람이 과연 얼마나 될까, 이러한 물음을 가진 나 또한 진정한 용기를 가진 사람일까, 하고 말이지요.

가정이나 학교, 직장에서 자신의 생각을 자신 있게 얘기

할 수 있는 사람. 그런 사람은 분명 누구보다 자신을 신뢰하는 사람일겁니다. 또한 사람에게선 번져나는 사람 냄새가 다른 사람들에게까지 믿음을 가져다 줍니다.

지금 우리의 모습은 어떻습니까? 헌신과 배려보다는 먼저 이해득실을 따지고, 앞에서는 칭찬, 뒤에서는 비난하지는 않나요. 그리고 자신에게 이익이 된다면, 상대방은 어떻게 되든 나 몰라라 하는 그런 얄팍한 모습이진 않나요. 갈수록 삭막해지고 치열해지는 이 세상. 어떤 상황에 놓여지더라도, 자신의 신념을 굽히지 않는 젊은 마음을 지닌 사람이 많아졌으면 좋겠습니다.

인생의 북극성

어떤 사람이 넓은 사막을 정처 없이 방황하며 걸어가고 있었습니다.

그는 가지고 있던 물이 얼마 남지 않았다는 것을 알고는 걱정과 불안에 휩싸이기 시작했습니다. 그는 빨리 오아시스를 찾아야 했습니다.

얼마나 걸었을까, 사람의 발자국을 발견하고는 "이젠 살았다."하고 소리를 질렀습니다. 발자국만 따라가면 분명 오아시스를 만나게 될 것이라고 생각했던 것입니다.

그는 계속 발자국을 따라갔습니다. 하지만 아무리 따라가도 발자국은 끝이 없고, 해는 점점 기울어가고 있었습니다. 그때서야 그는 자기 발자국을 자기가 되밟아가면서 맴돌고 있다는 사실을 깨닫고 두려움을 느꼈습니다.

그러나 문득 올려다본 밤하늘에 북극성이 반짝이기 시작했습니다. 북극성을 보고서야 제대로 방향을 찾아서 바른 길을 갈 수 있었습니다.

두 사람이 먼 길을 가고 있었습니다. 한 사람은 가고자하는 목적지의 위치를 그곳을 잘 안다는 사람에게 물었고, 또 한 사람은 그 목적지의 위치가 표시된 상세한 지도를 가지고 있었습니다. 두 사람 중에 어떤 사람이 목적지에 제대로 도착할 수 있었을까요?

목적지의 위치를 대충 듣고서 길을 떠난 사람은 가다가 지쳐 그만 포기하고 말았지요. 하지만, 목적지의 위치를 알고 있을 뿐만 아니라 지도까지 가지고 있었던 사람은 빠른 시일 내에 그 목적지에 무사히 도착할 수 있었답니다.

자신이 가고자 하는 곳의 위치와 상세한 지도는, 어쩌면 인생을 살아가는데 있어 명확한 목표가 아닐까 생각해봅니다. 목표가 없는 사람은 쉽고 편한 길만 찾겠지요. 그러나 목표가 확실한 사람은 어떠한 고난이 따르더라도 물러서는 법이 없습니다.

  명확한 목표는 밤하늘에 떠 있는 북극성과 같이 인생의 길잡이 역할을 한답니다.

기회를 보는 눈

고민에 빠져 있던 한 중년 신사가 에밀리 포스트에게 물었습니다.

"제가 백악관으로부터 초대를 받았는데, 같은 날 같은 시각에 다른 약속이 있으니 어떻게 해야 할지 모르겠어요."

듣고 있던 에밀리 포스트는 단정적으로 이렇게 말했습니다.

"무슨 그런 일로 고민하십니까? 그거야 물론 백악관의 초대에 응해야지요. 백악관의 초대는 일종의 명령이며, 뒤로 미룰 일이 아닙니다. 그러므로 자연적으로 다른 약속이 취소되어야겠지요."

이 대답을 들은 중년 신사는 가벼운 마음으로 돌아가, 약속된 백악관의 만찬에 참여하는 영광을 누렸습니다.

기회는 용기를 가진 자만이 잡을 수 있습니다. 용기가 없는 사람은 기회가 바로 앞에 다가와도 놓치고 말지요. 우리 주위에 기회는 참 많이 있지만, 우리가 느낄 수 있는 기회는 별로 없습니다. 매순간마다 열정을 가지고 노력하는 사람들의 눈에만 기회가 보이지요. 그런 사람들은 기회를 볼 수 있는 눈을 가졌기 때문입니다.

지금 하고 있는 일에 최선을 다한다면, 누구나 그런 눈을 가지게 되리라 믿습니다. 기회는 끊임없이 넘어지고 다시 일어서는 사람들만이 얻을 수 있는 황금 열쇠와도 같기 때문입니다.

살아가다 보면

　남아메리카의 아마존 강에는 피라니아라는 물고기가 서식하고 있습니다.
　피라니아는 면도칼 같은 이빨을 가지고 있으며 떼를 지어 다니기 때문에 사람은 물론이고 소처럼 큰 동물이라도 잠깐 동안에 뼈만 앙상하게 남기는 위험한 물고기입니다. 그래서 강을 건널 때, 가장 먼저 그 물고기가 있는지 없는지 확실히 알아보지 않으면 자칫 목숨을 잃을 수도 있습니다.
　가축들을 이끌고 이 강을 건너야 하는 농부들에게 있어 피라니아는 여간 심각한 문제가 아닐 수 없습니다. 한꺼번에 건너려고 하다가는 가축 전부를 잃을 수도 있기 때문입니다. 그래서 그들은 강을 건너려면 가축 한 마리는 피라니아들에게 먹이감으로 줄 각오를 합니다.
　농부는 먼저 피라니아에게 희생물로 줄 가축 한 마리를 골라 강물에 빠뜨린 후 살펴봅니다. 그리고 그 가축이 피라니아 떼의 습격을 받을 때, 나머지 가축들을 데리고 재빠르게 강을 건너가는 것입니다. 물론 피라니아가 그 가축을 잡아먹고 다른 가축들에게 달려들기 전에 말이지요.

우리는 살아 가다보면 때때로 두 가지 중 하나는 포기해야 하는 경우가 있습니다. 물론 두 가지 다 가지고 싶지만 자칫 잘못하다가는 둘 다 잃을 수도 있기 때문이지요. 이런 순간에는 많은 경험과 결단을 필요로 합니다.

어떤 사람은 작은 것에 너무 집착한 나머지 큰 것을 잃어버리곤 합니다. 그러나 또 어떤 사람은 아쉽지만, 작은 것에 대한 미련을 버려 대신 큰 것을 얻기도 하지요. 여러분은 만일 이런 선택의 기로에 놓여진다면 어떻게 하시겠습니까?

자신에게 어떤 문제가 닥쳤다면, 서둘러 판단하기보다는 예전의 경험을 되살려 판단해보세요. 너무 서두르다보면 그르칠 수 있으니까요. 또한 혼자서 감당하기에 너무 벅차다면 주위의 도움을 청해보세요. 아마 자신이 생각했던 것보다 더 많은 사람들이 나서서 도와줄 테니까요.

소금창고
넷

더불어 함께 사는 지혜

더불어 함께 사는 지혜

돈으로 살 수 없는 99%

　에스파니아 전쟁 때 쿠바에 진주한 미국 기병대 지휘관은 훗날 대통령이 된 루즈벨트였습니다. 전쟁 중에 식량이 부족해 곤란한 상황이 계속되었습니다. 마침 민간 의료봉사대에서 보내온 식량이 도착했다는 소식이 전해졌습니다.

　그 책임자는 후에 미국의 「백의의 천사」로 유명해진 바턴이었습니다. 상황이 계속 악화되자 루즈벨트 대령은 직접 교섭에 나섰습니다.

　"식량 일부를 파십시오. 가격이 좀 비싸도 괜찮습니다."

　그러자 바턴은 한 마디로 거절했습니다.

　"팔 수 없습니다."

　다시 루즈벨트 대령이 명령조로 말했습니다.

　"당신은 의료 봉사를 한다면서 부상병들이 굶어 영양실조가 되어도 좋다는 말이오?"

　바턴은 미소를 띠고 말했습니다.

"팔지는 않습니다. 대신 그냥 달라고 부탁해 보십시오."

루즈벨트 대령은 그때서야 비로소 안심하고 웃으며 이렇게 말했습니다.

"참, 그런 간단한 방법을 생각하지 못했군요. 당신의 친절과 사랑을 믿지 못했던 나의 어리석음을 용서해 주시오."

사람들은 세상이 갈수록 힘들다는 말을 합니다. 그러나 아직도 세상에는 친절과 사랑을 베푸는 사람들이 참 많습니다. 오늘 아침 신문에, 어느 할머니가 6.25전쟁 때 남편과 자식을 모두 잃고, 평생 혼자서 살며 모은 돈 수십억 원을 장학 기금으로 내놓았다는 기사가 실려 있었습니다.

서로 잘났다고 싸우는 정치면의 다음 장에 실린 할머니의 말은 마음을 훈훈하게 해줍니다.

"덜 먹고, 덜 입고 해서 힘들게 모았지만, 죽어서 짊어지고 갈 순 없지요. 공부하고 싶지만 돈이 없어서 못하는 학생들을 위해쓴다면 언젠가 그들도 또 다른 사람을 위해 좋은 일을 하겠지요."

사람들은 흔히 돈이면 모든 것을 살 수 있다고 생각합니다. 하지만 그 모든 것을 마음의 눈으로 본다면 살 수 있는 건 고작 1%에 불과하다고 합니다. 나머지 99%는 돈으로 살 수 없는 마음이 차지하는 것이지요.

고작 1%에 불과한 것을 모든 것으로 착각한 나머지 순수한 마음을 외면하고 있는 것은 아닐까요?

가슴과 머리

어른들은 숫자를 좋아합니다. 어른들은 새로 사귄 친구 이야기를 할 때면 가장 긴요한 것은 물어 보는 적이 없습니다.

"그 애 목소리는 어떻지? 그 애는 무슨 놀이를 좋아하지? 나비를 채집하지 않니?"

이런 말을 그들은 절대로 하지 않습니다.

"나이가 몇이지? 형제는 몇이고? 체중은 얼마지? 아버지 수입은 얼마야?" 하고 그들은 묻습니다. 그제서야 그 친구가 어떤 사람인지 알게 된 줄로 생각하는 것입니다.

만약 어른들에게 "창턱에는 제라늄 화분이 있고 지붕에는 비둘기가 있는 분홍빛의 벽돌집을 보았어요."라고 말하면 그들은 그 집이 어떤 집인지 상상하지 못합니다. 그들에게는 "십만 프랑짜리 집을 보았어요."라고 말해야만 합니다. 그러면 그들은 "그거 정말 좋은 집이구나!"하고 소리칩니다.

-쌩떽쥐베리의 『어린왕자』 중에서-

 어릴 적에는 자신과 같은 취미나 비슷한 성격의 사람을 좋아합니다. 그러나 어른이 되면서 먼저 그 사람의 직장이나 능력들을 먼저 보곤 하지요. 이는 나이가 듦에 따라 감성보다는 이성에 영향을 받기 때문입니다.

 우리는 어린 아이들을 보며 참 맑다, 순수하다고 말합니다. 순수라는 단어 속에는 거짓이나 가식이 없고, 오직 진실만 담겨 있다는 뜻이 내포되어 있지요. 어쩌면 순수한 사람은 바보 같은 사람이 아닐까 생각합니다. 자신의 이익보다는 다른 사람의 이익을 먼저 생각하는, 그런 바보 같은 사람이겠지요.

 지금 주위를 돌아보면, 이해득실을 따지며 손해는 조금도 보지 않으려는 사람들로 가득합니다. 가슴은 텅 비어 있고, 머리 속만 가득 차 있는 그런 사람들이 많은 듯 합니다.

　기실 글을 쓰는 나 자신도, 먼저 상대방을 배려하기보다 내 것에만 집착하곤 하지요. 가슴은 "이래선 안 되는데" 하지만, 정작 머리 속에서는 "나 하나쯤인데 뭐"하는 얄팍한 생각이 들기도 합니다. 가끔 이런 내 자신이 한없이 미워질 때도 있습니다. 이젠 나부터 변하도록 노력할 생각입니다. 이렇게 나부터 달라지면, 주위의 친구들과 사람들도 달라지겠지요.

내면의 거울

 자기밖에 모르는 인색한 부자가 유대인 교수 랍비를 만났습니다. 부자는 랍비에게 인생의 교훈이 될만한 가르침을 부탁했습니다. 랍비는 그를 창가로 데리고 가서 다음과 같이 물었습니다.
 "무엇이 보입니까?"
 부자는 눈에 보이는 대로 대답하였습니다.
 "지나가는 사람들이 보입니다."
 이번에는 그 부자를 커다란 거울 앞으로 데리고 가서 똑같은 질문을 했습니다.
 "무엇이 보입니까?"
 "제 얼굴이 보입니다."
 부자는 자신의 얼굴이 보인다고 대답했습니다.
 랍비는 잠시 생각에 잠겼다가 부자에게 말했습니다.
 "창문과 거울은 똑같이 유리로 되어 있으나, 거울 뒤에는 수은이 칠해져 있어 밖이 안보이고 자신만 보이게 되는 거지요. 마찬가지로 내면이 탐욕으로 칠해진 사람은 자기밖에 모르는 불행한 존재지요."

 사람은 누구나 내면의 거울을 지니고 있습니다. 이 거울은 자신이 어떤 마음으로 거울을 보는지에 따라 세상이 다르게 보인답니다. 기쁜 마음으로 세상을 바라본다면 세상은 밝게 보일 테고, 우울한 마음으로 바라본다면, 어둡게만 보이겠지요.
 우리가 살고 있는 세상은 항상 그대로입니다. 다만 조금씩 환경만 바뀔 뿐인데, 왜 우리의 기분은 날마다, 시간마다 다를까요? 모든 것은 마음먹기에 달렸다는 것입니다.
 사람을 만나거나 일을 할 때, 긍정적인 마음으로 임해보세요. 아무리 마음에 들지 않는 사람일지라도, 좋아하지 않는 일일지라도 좋은 점을 찾도록 노력해야 합니다. 이런 적극적이고 긍정적인 생각으로 생활할 때, 마음속은 기쁨과 즐거움으로 가득 차게 된답니다.

자기 자신을 사랑한다면

노(魯)나라의 복부제라고 하는 사람이 어느 마을에 원님으로 있을 때의 일입니다.

어느 해 가을 추수철이 되었을 때에 제(齊)나라 군사가 쳐들어왔습니다. 마침 들에는 곡식이 누렇게 익어 추수를 기다리고 있었습니다. 마을 사람들은 "저 아까운 곡식을 전부 원수한테 빼앗기게 되었구나." 하며 술렁거렸습니다.

"그럴 바에는 차라리 적이 쳐들어오기 전에 네 것 내 것 가릴 것 없이 아무나 가서 빨리 거둬오는 게 좋겠다."

원님은 마을 사람들의 애타는 마음을 잘 알고 있었지만 그들의 행동을 말렸습니다.

그래도 마을 사람들은 누렇게 익은 곡식이 너무나 아까우니 추수할 수 있게 해달라고 간청했습니다. 그러나 원님은,

"안 된다. 불을 질러라. 전쟁 때이건 평화 시절이건 간에 남의 것을 공짜로 가지는 버릇을 들여놓으면, 나중에 이것을

고치는 데는 10년으로도 어렵다." 이렇게 말하는 것이었습니다.

모든 좋은 성격이나 단점도 습관의 결과입니다. 흔히들 습관을 길에 비유합니다. 사람들은 들판이나 숲을 걸을 때 자주 다니지 않는 길보다는 자주 다녀서 길이 확실한 곳으로 자연스럽게 발길을 옮기게 됩니다. 구태여 길을 벗어나 들판이나 숲에 새로운 길을 내며 가지는 않습니다. 즉 이미 형성되어 있는 길을 따라 움직이는 것이지요.

한 번 접힌 종이는 자꾸 그 쪽으로만 접혀집니다. 일단 땅 위에 물길을 내어 놓은 강물이나 시냇물은 습관처럼 그 선을 따라 움직이게 됩니다.

   습관은 우리의 행동이 무수히 지나다닌 마음의 길입니다. 그 길이 바람직한 길이 아니라면 새로운 길을 만들어야 합니다. 새로운 길을 걷다보면, 오래된 길은 결국 희미해져 사라지고 말 것입니다. 그리고 그 길은 점점 깊어지고 조금씩 넓어져 걷기에 매우 편한 길이 될테니까요.

정의로운 사람은 싸움도 잘한다?

로마 공화국과 카르타고 제국 사이에 벌어진 포에니 전쟁 중에 있었던 일입니다.

치열한 전투에서 카르타고 군은 점차 열세에 몰리기 시작했으나, 다행히도 로마의 레규러스 장군을 포로로 잡게 되었습니다.

처음에 카르타고 군은 레규러스 장군을 죽이려고 했습니다. 그러나 그것보다는 그를 휴전 협상에 이용하는 것이 좋겠다는 판단을 내렸습니다.

"레규러스 장군! 우리는 로마와 휴전하기를 원합니다. 장군께서 휴전을 주선해 주십시오. 장군의 주선에도 불구하고 로마가 이에 응하지 않을 경우 장군은 다시 이 감옥으로 돌아올 것을 약속해 주시오."

레규러스 장군은 결단을 내리지 못하고 한참 고민하다, 드디어 그들의 요구를 받아들이기로 하고 로마로 돌아갔습니다.

로마로 돌아온 레규러스 장군은 황제에게 자신이 포로의 몸으로 돌아 올 수 있게 된 사정을 자세히 설명했습니다.

그리고는 "저는 휴전을 주선하라는 요구를 받고 돌아 왔습니다만 이에 응하지 말라고 말씀드립니다. 지금 카르타고는 심한 혼란 속에 있습니다. 우리가 조금만 더 버티면 그들은 곧 스스로 망하고 말 것입니다." 라고 보고했습니다.

그리고 자신은 그들과의 약속에 따라 카르타고로 다시 돌아가야 한다고 말했습니다. 이 말을 들은 많은 사람들은 돌아가지 말라고 만류했습니다. 하지만 레규러스 장군은 이를 뿌리치고 단호히 말했습니다.

"아닙니다. 나는 돌아가야 합니다. 내가 돌아가지 않는다면 그들은 「로마인들은 모두 거짓말쟁이다」라며 비웃을 겁니다. 이것은 나 개인이 아닌, 로마 제국 전체의 명예와 신의가 달려 있기 때문입니다. 비록 적과의 약속이지만 지킬 것은 지켜야 합니다." 그리고는 약속대로 죽음이 기다리고 있는 카르타고로 돌아갔습니다.

얼마 전 7살 난 조카와 TV 대담프로를 보게 되었습니다.

내용이 진부하다 싶어 채널을 돌리려 할 때 갑자기 조카가 "정의가 뭐예요?" 하고 물었습니다. 마침 사회자가 정의로운 사회가 어떻다는 얘기를 하던 중이었습니다. "응, 정의란 올바른 일을 하는 것을 말해. 그래서 올바른 일을 하는 사람을 정의로운 사람이라고 하는 거야."

가만히 듣고 있던 조카는 "정의로운 사람은 싸움도 잘하지요?" 하는 것이었습니다. 어느새 조카에게는 정의로운 사람이란 뭔가를 지키기 위해 싸움을 하는 사람으로 인식되어 있었던 것입니다. 그날, 정의란 어떤 것인지 예를 들어가며 이렇게 저렇게 설명을 해주었지만, 조카는 끝내 싸움을 포함시키는 고집을 꺾지 않았습니다.

나 역시 정의를 말할 때 한참을 생각해야 했습니다. 그러나 정의로운 자는 우정이나, 친척, 또는 자신의 이익에 어긋나는 문제에서도 결코 뒤를 돌아보며 주저하지 않는다는 결론만은 내릴 수 있었습니다.

마음속은 언제나 맑음

희랍 신화 중에서 「마이다스」라는 왕의 이야기랍니다.

황금에 눈이 어두웠던 왕은 낯선 신의 방문을 받았습니다. 그 신에게서 당신의 소원을 말하라는 요청을 받은 왕은 "내 손으로 만지는 모든 것이 다 금이 되게 해달라."는 소원을 말했습니다.

소원을 말한 후부터 왕이 손으로 만지는 것마다 다 황금으로 변했습니다. 하루 종일 왕은 황금을 만드는 일에 열중했습니다. 자신이 만지는 모든 것들이 눈부신 황금으로 변하는 것을 보며 왕은 행복해했습니다.

해가 지는 황혼녘, 왕은 자기 손으로 만들어 놓은 황금의 세계를 바라보면서 절망하기 시작했습니다. 사랑하는 딸과 친구가 왕의 손이 닿는 순간 황금으로 변하고 말았던 것입니다.

이제 소원대로 모든 것이 황금으로 변했지만, 왕은 울부

짖으며 이렇게 절규하기 시작했습니다.

"내가 원하는 것은 황금이 아닙니다. 내 딸의 생명을 돌려주십시오. 내가 진정 원하는 것은 황금이 아닙니다. 한 모금의 물입니다. 내가 원하는 것은 황금이 아닙니다. 지나간 시절 친구들과의 우정입니다."

우리는 때때로 "지금보다 가난했어도 옛날이 좋았었는데……."라는 말을 합니다. 생활은 풍족하지 않았지만, 마음만은 넉넉한 그 시절이 그립다는 뜻일 테지요. 이렇듯 무엇이든지 너무 지나치면 오히려 모자람보다 못합니다.

인생에 있어「적당함」을 잃지 않았을 때, 여유와 만족감 그리고 행복을 느낄 수 있습니다.

많은 사람들은 자신보다 더 부유한 사람들을 보며 자신의 처지를 비관한답니다. "나는 왜 이렇게 살아야 하지?", "찌든 이런 생활은 이젠 진절머리 나!", 이런 불평불만은 자신의 생활에 만족하지 않기 때문에 생겨납니다. 가난하고 힘들더라도 자신이 가지고 있는 작은 것에 만족한다면 얼마든지 행복을 느낄 수 있겠지요.

모든 것은 사람의 마음에 달려 있습니다. 들에 핀 야생화에서 그윽한 향기를 느끼는 사람도 있을 테고, 빨간 장미를 앞에 두고도 아름다운 향기를 느끼지 못하는 사람도 있겠지요. 우리가 사는 인생도 마찬가지랍니다. 어떤 환경에 처해 있더라도 꿈과 희망을 잃지 않고 살아간다면, 마음속은 언제나 맑음이 아닐까요?

기회는 생활 속에 있다

이조 선조 때의 명의 허준은 의술을 배우기 전, 자그마한 약방을 경영하고 있었습니다.

그는 약을 지을 줄은 알았지만 처방을 내릴 줄을 몰랐기에, 의원의 약방문(藥房文)을 가져오는 사람에게만 약을 지어 주었습니다.

어느 날 허름한 차림의 한 노인이 약방을 찾아왔습니다. 노인은 한 마디 말도 없이 하루 종일 약방 구석에만 앉아 있다가 가는 것이었습니다.

"무슨 일이십니까? 도와드릴 일이라도 있습니까?"

"아닙니다. 사람을 찾으려고 하는데 그 사람을 아직 못 만나서 그렇습니다. 바쁘신 데 번거롭게 해드려서 죄송합니다."

허준은 이상하게 여겼으나 전혀 내색을 하지 않았습니다. 그러기를 며칠, 한 사내가 급히 약방으로 뛰어 들어와서는 자기 아내가 해산을 하자마자 쓰러져 정신을 잃었으니 약을 지어달라는 것이었습니다.

허준은 어떤 약을 주어야 할지 몰라 당황해하며 약방문을 받아오라고 했습니다.

그때, 구석에 앉아 있던 노인이 입을 열었습니다.

"이보게! 내가 시키는대로 하게. 곽향정기산(藿香正氣散) 세 첩을 지어주게!"

허준은 노인의 말을 의심했으나, 시간이 없기에 그대로 약을 지어주었습니다.

다음 날 아침 일찍이 어제의 그 사내가 찾아와 자기 부인이 깨어났다며 큰절을 하고 돌아갔습니다.

허준은 노인을 달리 보기 시작했습니다. 아무래도 보통 노인은 아닌 듯 싶어 노인에게 말을 걸었습니다. 알고 보니 노인은 의술을 잘 아는 분으로, 의술을 전수할 사람을 찾고 있었던 것이었습니다.

이를 계기로 허준은 그의 제자가 되어 의술을 익혔고, 후에 선조의 주치의가 되는 영광을 누리게 되었습니다.

인생의 모든 위대한 기본법칙들이 알아차리지 못하는 아

주 평범한 일상적인 경험에서 엮어지듯이 인생에 있어 수많은 기회는 우리의 생활 속에 넓게 숨어 있습니다. 이 글을 읽는 독자들 중에 "기회가 도대체 어디에 있느냐"고 항의하는 사람들도 있겠지요. 그러나 분명 기회는 있습니다. 인생에서 기회가 없었다는 말은 게으른 사람들의 변명일 뿐입니다.

기회는 사람들과의 만남 속에 있을 수도 있고, 최선을 다하는 직장 생활 속이나 어려움에 처한 사람들을 도와주는 고마운 일 속에 있을 수도 있습니다.

끝까지 최선을 다한 사람들이 꿈을 이루어낸 성공담을 우리는 종종 듣습니다. 바로 그것입니다. 성실한 모습 속에서 숨어 있는 기회를 찾았던 것이지요. 생활 속 기회는 너무나 많지만, 성실한 사람들의 눈에만 보인답니다.

왕과 왕비

친절과 불친절에 대한 두 가지 예가 있습니다. 한 가지는 친절하지 못한 의사에 관한 예입니다.

매우 불친절한 의사가 있었습니다. 하루는 불치병에 걸린 환자에게 딱딱한 어조로 말했습니다.

"당신은 얼마 못 살 것 같소. 그동안 하고 싶은 일이 있으면 마음껏 하십시오."

환자는 충격을 받은 듯 몹시 괴로운 표정을 지었습니다. 그래도 의사는 퉁명스럽게, "누구 만나고 싶은 사람 있습니까?"라고 물었습니다.

"예."

환자가 대답했습니다.

다시 의사가 환자에게 물었습니다.

"누구를 만나고 싶습니까?"

"다른 의사요."

두 번째 예는 친절한 식당에 관한 예입니다.

미국 LA근교의 한 식당은 언제나 손님들로 북적거렸습니다. 음식 맛이 특별한 것도 아니고 그렇다고 값이 그리 싼 것도 아니었습니다. 다만 이 음식점의 최대 매력은 바로 친절이었습니다.

식당 입구에는 「손님은 왕」이라는 글이 적혀 있었고, 남자 화장실에는 King, 여자 화장실에는 Queen이라는 팻말이 붙어 있었습니다. 손님들은 자신을 위해 세밀한 배려를 아끼지 않는 식당 측의 친절에 감동해 단골고객이 되었던 것이었습니다.

대부분 사람들은 친절보다는 불친절에 길들여져 있습니다. 누군가에게 친절을 베푸는 일은, 세상에서 가장 쉬운 일인데도 불구하고 너무나 인색하답니다. 여러분은 어떻습니까? 우리는 상대방에게 말 한 마디를 건넬 때도 칭찬이 되는 말보다는, 상처 주는 말을 더 많이 하게 됩니다. 언제부터 우리의 입술은 따뜻함보다는 차가움에 익숙해졌는지 모르겠습니다.

자, 지금부터라도 사람들에게 먼저 따뜻한 말을 건네 보세요. 그 사람이 입은 옷이나 머리 모양이 예쁘다거나, 웃는 모습이 보기 좋다거나 하는 말은 상대방의 기분을 좋게 해주는 힘을 지니고 있습니다. 이런 힘이 되는 말을 해주었을 때, 상대방 역시 자신의 돋보이는 장점을 얘기해준답니다.

상대방을 걱정해주는 따뜻한 말 한마디도 칭찬 못지않은 힘을 줍니다. 누군가 자신에게 관심을 가져주고 걱정해준다는 것은 이 세상에서 자신의 가치를 인정받고 있다는 확신을 갖게 합니다.

아름다운 사랑

로날드 티스데일은 4살 난 사내아이로, 캐나다의 몬트리올에 살고 있었습니다.

어느 날 부모가 집을 비운 사이에 선반 위의 수면제를 집어먹고 실신하고 말았습니다. 아이는 성 유스티나 병원으로 옮겨졌고, 응급실에서 치료를 받기 시작했습니다.

그러나 아이가 너무 어려 병원에는 그에 맞는 해독제가 없었습니다. 생명을 구하기 어렵다는 것을 알게 된 의료진과 가족은 실의에 빠져 있었습니다.

그런데 다행히도 한 직원이 뉴욕의 어느 병원에 해독제가 있다는 사실을 알아내고는 재빨리 그 병원으로 전보를 쳤습니다. 전보를 받은 뉴욕 병원은, 해독제를 몬트리올 행 비행기의 중간기착지인 라가르디아 공항으로 수송하기로 했습니다. 또한 항공사와 공항측은 승객들에게 양해를 구하고 이륙시간을 1시간이나 미룬 뒤, 해독제를 받고서야 몬트리올을 향해 비행기를 이륙시켰습니다. 비행기에 탑승한 승객들까지도 그 내막을 듣고는 기꺼이 한 시간을 기다려 준 것이었습니다.

드디어 비행기가 몬트리올에 도착했고, 해독제는 공항에서 대기 중이던 앰블런스에 옮겨져 성 유스티나 병원으로 수송되었습니다. 앰블런스가 지나가는 도로상에서 모든 자동차들이 길을 비켜주어 더욱 신속하게 수송이 이루어질 수 있었습니다.

병원에선 즉시 해독제를 투약했고, 그로부터 약 한 시간 후 아이는 의식을 되찾았습니다.

우리가 살아가는 세상은 혼자서 살아갈 순 없습니다. 함께 나누며 돕고 살아야지요. 그런데 남을 돕는다고 하면, 우선 물질적인 것만을 생각하기가 쉽습니다. 물론 돈이 없는 사람에게 경제적인 도움을 줄 수 있다면 좋겠지요.

하지만 내가 가진 돈이 풍족하지 못하다면, 사랑과 관심을 주어야지요. 어쩌면 사랑받기를 간절히 원하고 있을지도 모르니까요.

실제로 남모르게 오랫동안 좋은 일을 해온 사람들을 보면 그들이 결코 넉넉한 살림이 아니었다는 것에 놀랍니다. 또한 그들은 주위에 알려지는 것을 원하지 않고 꾸준히 도움을 주고 사랑을 베풀어왔습니다. 진정한 사랑이 무엇인지를 몸으로 실천하는 이 시대의 천사들임에 틀림없습니다.

사람의 힘은 위대합니다. 혼자선 감히 엄두도 낼 수 없는 일도 여럿이 뭉치면 못할 일이 없으니까요.

작은 행복

항생제 「스트렙토 마이신」을 발명한 와크스맨 박사가 노벨상을 타기 위해 스웨덴의 수도 스톡홀름에 갔을 때의 이야기입니다.

의외의 방문객 두 사람이 그를 찾아와서 그를 감동시킨 일이 있었습니다. 그들은 한 젊은 아버지와 딸이었습니다.

아버지는 기계공으로 일하는 사람이었고, 아버지의 손목을 잡고 들어온 어린 딸의 품에는 예쁜 카네이션 다섯 송이가 안겨져 있었습니다.

그 꽃을 와크스맨 박사에게 드리는 어린 딸을 바라보며, 젊은 기계공 아버지가 말했습니다.

"이 꽃 한 송이는 각각 내 딸의 1년씩의 생명을 뜻하는 것입니다. 이 아이는 5년 전에 뇌막염으로 도저히 살 수 없다는 의사의 진단을 받았습니다. 그런데 딸이 죽기 직전에 와크스맨 박사께서 발명하신 항생제, 스트렙토 마이신으로 인해 딸은 이렇게 살아날 수 있었답니다."

이 말을 들은 와크스맨 박사는 어린아이를 꼭 껴안고는 다섯 송이의 꽃을 감격적으로 바라보았습니다. 그는 노벨상을 탄 후 기자 회견에서 이렇게 말했습니다.

"저에게는 스웨덴 황제 구스타프 아돌프 폐하로부터 받은 노벨상보다 다섯 송이의 카네이션이 더욱 큰 명예였습니다."

세상에서 가장 큰 행복은, 건강하고 즐겁게 사는 것이 아닐까요. 많은 사람들은 행복이란 건강하고 즐겁게 사는 것이 아닌, 많은 재산을 소유하는 것이라고 생각합니다. 그렇다 보니 언제까지나 자신은 불행한 삶을 살고 있다며 절망하지요.

초등학교 때의 기억이 되살아납니다. 담임선생님이 장래의 꿈이 무엇이냐고 물었지요. 나와 친구들은 대통령이나 국회의원, 장군, 의사, 선생님…… 이라며 자신 있게 대답했습니다. 그러나 어른이 된 지금, 그때의 꿈은 다 사라지고 무거운 현실만 있는 듯 합니다.

진정으로 행복한 사람은 건강하고 즐겁게 사는 사람들일

테지요. 그리고 하루하루 꿈이나 목표를 향해 최선을 다하며 성취감을 느끼는 것이 아닐까 생각해봅니다. 세상에는 강가의 조약돌처럼 무수히 많은 행복들이 널려 있습니다. 다만 그런 행복들을 깨닫지 못하는 것은 더 큰 행복만을 원하기 때문이 아닐까요.

마음으로 실천하는 사랑

아주 오래 전 일본의 어느 대학에서 있었던 일입니다.

이곳에서는 영국, 독일, 불란서, 한국, 일본, 미국 등 나라별로 화장실을 사용했는데, 중국인이 사용하는 화장실이 가장 더러웠습니다. 또한 매주 실시하는 검사에서 중국인 화장실은 늘 지적을 당했습니다. 그런데 1907년이 되자 반대로 중국인 화장실이 제일 깨끗한 화장실이 되었습니다.

어느 늦은 밤, 총장이 학교를 둘러보게 되었는데, 어둠 속에서 불이 켜져 있는 방이 있었습니다. 불이 켜진 방을 보면서 총장은 늦은 밤까지 열심히 공부하는 학생이 있구나, 생각했습니다.

그런데 얼마 후, 방문이 열리면서 한 학생이 대야에 걸레와 비누, 수건을 가져오더니 중국인 화장실을 청소하기 시작했습니다. 그 모습을 지켜보고 있던 총장은 학생을 불렀습니다.

"학생!"

"예, 총장님."

"학생이 매일 밤마다 청소하는가?"

"예."

"고맙네, 헌데 공부에도 시간이 모자라는 학생이 어찌 청소까지 하나?"

"저는 중국인 신입생인데 우리나라 화장실이 가장 더러워서 중국의 명예를 위해 매일 청소를 합니다. 이 학교를 졸업할 때까지 하기로 결심을 했습니다."

"자네 이름이 뭔가?"

"제 이름은 장개석입니다."

"장개석이라……."

총장은 그의 이름을 수첩에 적었습니다. 그 일로 인해 장개석은 특별 장학금을 받으며 대학을 졸업했고, 훗날 중국의 총통이 되었습니다.

우리 주위에는 고마운 분들이 참 많습니다. 그 중에서도 내가 아는 고마운 사람들 중에는 휴일을 이용해 장애인들의 머리를 이발해주는 미용실 사장님, 매달 월급날 사비를 털어 고아원에 라면과 생필품을 보내주는 분, 차가 많이 다니는 네거리에서 신호 정리를 하는 모범택시 기사 아저씨들. 모두가 조용히 사랑을 실천하는 분들입니다. 이런 분들이 있기에 이 세상은 아직도 훈훈하고 정이 넘치리라 생각합니다.

어떤 대가를 바라지 않고 남을 위해 봉사하는 사람들의 모습은 아름답습니다. 그들이 진정으로 아름다울 수 있는 것은, 한 순간의 연출이 아니라 진실한 마음으로 실천하는 사랑이기 때문입니다.

사랑의 힘

 폴란드의 조그마한 마을에서 있었던 일입니다. 웬일인지 마을에 독일군이 나타나지 않아 불안한 마음으로 하루하루를 지내고 있는 유대인 앞에 드디어 그들이 나타났습니다. 일부는 마을로 들어가고, 나머지는 학교로 가 학생 중에 드문드문 섞여 있는 유대인 어린이들을 끌어내려고 했습니다.
 코르쟈크란 이름을 가진 선생님은 자기 앞으로 몰려온 유대인 어린이들을 두 팔로 꼭 끌어안아 주었습니다. 선생님은 아무 죄도 없는 아이들을 왜 잡아가느냐고 호통을 쳐보았지만, 그들에게는 아무 소용이 없었습니다. 잠시 후 트럭 한 대가 학교 운동장으로 들어오자, 아이들은 선생님의 팔에 더욱 힘껏 매달렸습니다. 두려움에 떨고 있는 아이들을 보며 코르쟈크 선생님이 말했습니다.
 "무서워할 것 없단다. 하나님께 기도를 드린다면 마음이 좀 편해질 거야."

독일군은 코르쟈크 선생님 곁에서 유대인 아이들을 떼어 놓으려고 했습니다. 그러자 선생님은 군인을 막아서며 이렇게 말했습니다.

"자, 우리 함께 가자. 선생님이 함께 가면 무섭지 않지?"

아이들은 선생님의 말을 듣고 나서야 비로소 안심한 듯 대답했습니다.

"네, 선생님, 하나도 무섭지 않아요."

선생님은 아이들을 따라 트럭에 올라탔습니다. 이 광경을 지켜본 독일군이 선생님을 끌어내리려고 하자, 그녀는 말했습니다.

"어떻게 내가 가르치던 사랑하는 이 어린이들만 죽음으로 보낼 수 있단 말이오."

선생님은 함께 수용소로 끌려가 마침내 트레뮬렌카의 가스실 앞에 도착했습니다. 그리고 선생님은 아이들의 손을 꼭 잡고 앞장서서 가스실로 들어갔습니다.

사랑하는 사람과 함께라면 그 무엇도 두렵지 않습니다. 사랑 안에는 온유함과 기쁨과 행복과 헌신이 깃들어 있기 때문이지요. 사랑에 빠진 사람들의 얼굴에는 두려움이라고는 찾아볼 수 없습니다.

사랑하는 사람이 실의에 빠져있거나 고통 속을 걷고 있다면 사랑으로 껴안아주세요. 진실한 사랑은, 서로 교감하는 사랑은 수백 마디 말보다 더 넓고 깊은 힘을 지니고 있습니다. 우리는 간혹 사랑의 힘으로 불가능한 일도 이루어내는 사람들의 이야기를 듣습니다. 그렇듯 사랑의 능력은 우주처럼 끝이 없기 때문이지요.

삶을 살아가는데 있어, 희망이 보이지 않거나 자신감을 잃어버렸다면 사랑을 해보세요. 꼭 이성간의 사랑이 아니어도 좋습니다. 몸이 불편한 사람이거나, 가난한 사람들을 위해 뭔가를 할 수 있는 그런 사랑이어도 충분합니다.

고여 있는 물은 썩지만, 유유히 흐르는 물은 오히려 더 맑아집니다. 우리의 마음도 한 자리에 머무르지 않고, 다른 누군가에게로 흐를 때 희망의 무지개는 비로소 뜬답니다.

사람의 움직이는 힘

영국의 유명한 문인 찰스 램이 잘 알고 지내던 사람 가운데 한 사람은 평생 동안을 혼자 살았습니다. 그 이유는 젊은 날의 아픈 경험 때문이었다고 전해집니다.

그는 청년 시절, 한 여인을 깊이 사랑했습니다. 어느 날 그는 청혼을 하기 위해 사랑하는 여인의 집을 향해 가고 있었습니다.

그는 그녀가 자신의 청혼을 받아 줄 것으로 굳게 믿었습니다. 그러나 그 집에 도착해 문을 두드리자 하인이 나와서 이렇게 말하는 것이었습니다.

"아가씨가 이제 더 이상 당신을 만나지 않겠다고 하십니다."

그 청년은 마음에 깊은 상처를 안고 집으로 돌아와 그녀에게 자신을 거절한 이유를 알려 달라는 편지를 썼습니다. 그 여인으로부터 온 회답은 이런 것이었습니다.

"나는 당신을 기다리며 창 밖을 내다보고 있었습니다. 당신이 오는 것을 보고 나는 기뻤습니다. 그런데 당신은 길에서 일하고 있던 한 여인을 밀치고 그냥 지나쳐 버리더군요. 당신은 넘어진 그 여인을 부축해 주지 않았습니다. 나는 그 때 이미 당신에게 내 한평생을 맡길 수 없다는 판단을 내렸습니다. 불쌍한 여인에게 친절을 베풀 수 없는 사람이라면, 나에게도 진정한 사랑을 베풀 수 없을 것이라고 생각했기 때문입니다."

이 사건이 있은 후, 그 청년은 완전히 변하여 모든 사람에게 친절하고 관대하게 대하였습니다.

친절은 그 사람의 보이지 않는 인격이라고 할 수 있습니다. 친절한 사람을 만나면 마음은 이내 즐거워집니다. 친절은 다른 사람의 마음에 편안히 쉴 수 있는 나무 한 그루 심어 주는 것과 같습니다. 조급한 마음을 누그러뜨려 주는 커다란 그늘을 드리워 그 아래에서 쉬게 합니다.

친절함이란, 하루아침에 행동으로 나타나는 것이 아니라 오랜 시간 축적되어온 그 사람의 진실한 마음입니다. 친절이 이토록 중요하다고 말하는 것은, 친절한 사람은 그렇지 않은 사람보다 자신을 사랑할 줄 알뿐만 아니라, 다른 사람들까지 사랑할 줄 아는 사람이기 때문입니다.

모든 사람들에게 친절하고 관대하게 대하는 사람이야말로, 한 사람을 소중하게 여길 줄 아는 사람입니다. 그리고 이런 사람한테는 아름다운 마음의 향기를 느낄 수 있습니다. 사람이 꽃보다 아름다울 수 있는 수많은 이유 중의 하나가 친절이겠지요.

마음의 문

구세군 장교인 쇼우는 의료선교사로 인도에 도착해 나환자 수용소의 치료를 맡았습니다. 그는 진료를 받기 위해 자신의 앞에 선 세 사람을 보는 순간 눈물이 글썽해졌습니다. 세 명의 나병환자들은 손발이 수갑과 족쇄로 묶여 있었고 살은 썩어 들고 여기저기 갈라져 있어 차마 눈뜨고 볼 수가 없었습니다. 이를 본 쇼우 대위가 보초에게 말했습니다.

"쇠사슬을 풀어 줍시다."

그러자 보초는 안 된다며 단호하게 대답했습니다.

"안됩니다. 이들은 나병 환자일 뿐만 아니라 위험한 죄수들입니다."

그러나 쇼우 대위는 나병환자들이 안쓰러워 다시 강한 어조로 말했습니다.

"내가 책임지겠소. 이들은 너무 심한 고통을 받고 있소."

그제서야 보초는 안심한 듯 나병환자들의 수갑과 족쇄를

풀어주었습니다. 쇼우 대위는 쇠사슬을 풀어 주고, 상처가 난 손목과 발목을 치료해 주었습니다.

2주일 후 쇼우 대위는 그 죄수들을 풀어준 것을 처음으로 불안하게 느꼈습니다. 그는 밤새 여행을 해야 하는데, 아내와 아이들을 그들과 함께 남겨놓고 가는 것이 두려웠기 때문이었습니다.

그러나 그의 아내 역시 하나님께 일생을 바친 구세군 장교로 남다른 믿음을 지닌 여성이었습니다. 그의 아내는 조금도 두려워하지 않았습니다.

다음 날 아침 현관문으로 간 그녀는, 세 명의 죄수들이 계단 위에 누워 있는 것을 보고 깜짝 놀랐습니다. 그들 중 한 사람이 이렇게 말했습니다.

"의사 선생님께서 밤새 출장가신 것을 알고는 부인께 폐가 될까봐 저희는 여기서 밤을 보냈습니다."

마음의 문은 절대로 억압이나 강제로 열 수 없습니다. 그 대신 진실함과 따뜻한 마음으로 다가갈 때, 봄 햇살에 꽃잎이 열리듯 비로소 열리게 되지요. 물과 기름이 섞이지 않듯이, 진실과 가식 또한 조화를 이룰 수 없기 때문입니다.

누군가를 좋아하거나 사랑하는 사람이 있다면, 가까이 다가가고픈 사람이 있다면, 먼저 마음의 문을 열어야 합니다. 그리고 작은 관심으로 배려를 더 할 때, 관계는 원만해지고 친밀함이 생기기 마련이지요. 상대방이 먼저 다가오기를, 마음의 문을 열기를 기다리는 것은 어리석은 자의 모습입니다.

쉽게 저지르는 잘못

워털루에서 나폴레옹의 대군을 격파한 영국의 장군 아더 웰링턴이 하루는 부하들과 함께 여우 사냥을 나갔습니다.

그때 마침 여우 한 마리가 나타나자 웰링턴은 여우를 쫓아가고자 급히 말을 몰았습니다. 그런데 여우는 어느 농장의 담을 넘어 도망을 가버렸습니다.

농장의 담은 말을 타고도 넘을 수 없을 만큼 높았습니다. 그래서 웰링턴은 농장 문 앞으로 가서 문을 지키는 소년을 향해 말했습니다.

"어서 문을 열어라!"

그러나 소년은 이렇게 대답하는 것이었습니다.

"안됩니다."

여우를 잡기 위해 말을 타고 농장으로 들어간다는 것은, 곧 농작물의 피해를 의미했기에 소년의 거절은 당연한 것이었습니다.

"빨리 열어! 여우가 도망가 버리잖아!"

"안됩니다. 아버지께서 절대로 사냥꾼에게 문을 열어주지 말라고 하셨습니다."

웰링턴은 여우를 놓칠 생각에 화가나 소리를 버럭 질렀습니다.

"빨리 열어라! 웰링턴 장군의 명령이다!"

소년의 얼굴은 굳어졌고, 고개를 숙여 장군에게 절을 했습니다. 웰링턴은 소년의 변화된 태도에 이제야 문이 열리리라고 생각했습니다. 그러나 소년의 대답에는 변함이 없었습니다.

"안됩니다. 문을 열 수가 없습니다."

"명령을 거역하겠다는 말이지!"

"예. 저의 아버지께서 농장의 담을 높이 쌓은 까닭은 장군님 같은 사냥꾼들이 우리 농장을 사냥터로 만드는 것을 막기 위해서였습니다. 그런데 장군님이 저희 농민을 이해하지 못하시고 농장 문을 열라고 명령하시면 어떡합니까?"

웰링턴 장군은 잠시 생각에 잠기더니 말에서 내려 조용히 입을 열었습니다.

"네 말이 옳다. 오늘 네게 좋은 교훈을 얻었다. 이 교훈을 평생 마음에 간직하도록 하겠다."

우리가 가장 범하기 쉬운 잘못이 무엇인지 한번쯤 생각해 볼 필요가 있습니다. 지위를 이용하여 부하직원의 마음을 상하게 하지는 않았는지, 낮은 자리라 하여 책임을 윗사람에게만 전가하지는 않았는지, 부모라는 자격으로 자녀를 소유물로 대하지는 않았는지, 그저 자식이라는 이유로 무조건 이기적이지는 않았는지, 관계에 있어 소홀하거나 부족할 수 있는 부분들을 생각해 보아야 하겠습니다.

　자신에게 부족한 것이 무엇인지 깨달을 수 있다면 멋진 인생에 그만큼 쉽게, 빨리 다가설 수 있습니다. 생각해 보면, 부족함이란 지극히 사소한 것일 수 있습니다. 진지함이 부족하여 일을 그르치는 사람이 있는가 하면, 자제력이 없어 끝을 맺지 못하는 사람도 있습니다.

　성실하지 못하여 기회를 놓치는 사람이 있는가 하면, 활동력이 미미하여 기회조차 만들지 못하는 사람이 있습니다.

　우리는 끝없는 변화를 원합니다. 자기 자신만 파악할 수 있다면 결 점 따위는 쉽게 고칠 수 있습니다.

　오늘 자신의 장점과 결점을 적어보는 것은 어떨까요. 생각으로만 그치지 말고 행동할 수 있도록 말입니다.

넉넉한 마음

어느 백만장자의 집에서 파티가 열렸습니다.

파티의 분위기가 무르익었을 때 술을 나르던 하인이 실수로 포도주 잔을 깨뜨리는 바람에 그만 깨끗한 벽을 엉망으로 만들어버리고 말았습니다.

주인은 심한 꾸중과 함께 화를 내고는 손님들과 함께 사냥을 나가려고 했습니다. 그때 한 사람이 스스로 남겠다고 자청했습니다. 그리고 그는 불안에 떠는 하인을 위로한 후, 붓을 꺼내 들더니 얼룩진 곳을 중심으로 그림을 그리기 시작했습니다. 그림을 그리기 시작한 지 얼마 지나지 않아 흉한 얼룩은 아름다운 그림으로 변해가고 있었습니다.

잠시 후, 사냥을 마치고 돌아온 주인은 깜짝 놀라고 말았습니다. 얼룩진 벽은 온데 간데 없고 그 자리에는 너무나 아름다운 벽화가 완성되어 있었기 때문이었습니다.

그 그림은 「쫓기는 사슴」이라는 작품이었습니다.

　사람은 누구나 실수를 하며 살아갑니다. 또한 이 세상에서 허물없는 사람은 있을 수 없습니다.

　신이 아닌 이상 우리는 실수를 하기도 하고, 한두 가지씩 허물을 가지고 살아가지요. 때문에 우리는 누군가가 뜻하지 않게 실수를 했다면 너그럽게 봐줄 수 있는 아량이 있어야 합니다. 자신은 실수를 하지 않고 살아온 듯하지만, 삶을 천천히 되돌아본다면 아마 많은 실수를 했을 테니까요.

　어떤 실수라도 선한 마음으로 감싸 안아주는 마음. 그리고 거기에서 또 다른 깨달음을 얻는 넉넉한 마음을 지녀야 합니다. 가끔 실수로 저질러진 것에서 행복을 찾은 사람들의 이야기, 과학자의 실수가 없었다면 발명되지 못했을 제품들, 실수로 얻게 된 보석 같은 사랑의 얘기는 미소를 띠게 합니다.

끝없는 사랑

한 소녀의 생일파티 날짜가 다가오자, 소녀의 엄마는 과자를 만드는 등 온갖 준비를 다했습니다.

파티를 여는 날, 소녀가 엄마에게 이렇게 당부했습니다.

"엄마, 다과를 가져오실 때는 꼭 목이 긴 흰 장갑을 끼고 들어오셔야 해요. 절대 잊지 마세요."

어머니는 단단히 약속했으나 파티가 시작되자, 너무 바쁜 나머지 흰 장갑 끼는 것을 잊고 말았습니다. 파티가 끝났을 때, 소녀는 눈물을 글썽이며 말했습니다.

"엄마! 그게 뭐예요. 왜 흰 장갑을 끼지 않았어요. 몰라요, 몰라. 이렇게 부끄러운 일이 다시는 없을 거예요. 친구들을 다시 볼 낯이 없단 말예요."

그러나 엄마는 소녀를 나무라지 않고 부드럽게 말했습니다.

"애야, 이리 가까이 와서 앉아라. 너에게 할 말이 있단다.

네가 아주 어릴 때인데, 너는 침대에서 잠이 들어있었고, 나는 뒤뜰에서 기저귀를 널고 있었지. 그런데 그 순간 방안에서 연기가 뿜어 나오는 것을 보았어. 금방 불길이 치솟기 시작했지. 나는 방안으로 뛰어 들어가 무거운 코트를 휘어잡고 결사적으로 불길을 헤쳐 가며 네가 누워 있는 곳으로 갔단다. 내가 코트로 너를 감싸고 다시 불길을 헤쳐 나올 때 내 손에 불길이 닿고 말았지. 그렇게 나는 널 구해 낸 거야. 그래서 엄마의 손은 화상을 입고 이처럼 보기 흉한 흉터가 생긴 거란다."

엄마의 말이 끝나자 소녀의 두 눈에서는 굵은 눈물이 흘러내리기 시작했습니다.

자식을 향한 부모님의 사랑은 끝이 없습니다. 흔히들 어버이 은혜는 하늘과 같다고 하지요. 그만큼 자식을 아끼고 사랑하는 마음의 크기는 그 어떤 것으로도 잴 수 없습니다. 그러나 우리는 이런 부모님의 은혜와 사랑을 자주 잊고 살아갑니다.

'어버이 살아실 제 섬기기란 다하여라.' 송강 정철은 부모님이 살아 계실 때 효도하라 권했습니다. 지나간 후에 깨달은들 아무런 소용이 없음을 강조했습니다.

우리들 어버이의 몸은 한없이 가벼워져 있습니다. 자식걱정으로 마음은 재가 되어 있습니다.

어느 날 어머니를 자전거에 태우고 시내 병원엘 갔습니다. 두 사람이 탔으니 힘들게 굴러갈 법도 한데 페달을 밟는 발의 힘은 평소 때와 다르지 않았습니다. 내 어머니가 이렇게 가벼웠다니 눈물이 흘렀습니다.

부모님을 생각하면 이내 마음이 한없이 슬퍼집니다. 그 슬픔은 어서 빨리 효도해야지 라는 마음으로 바뀌지만 일상에 밀려 쉽게 부모님을 잊습니다.

행복했던 순간을 떠올리며

 네덜란드 로테르담 지방의 어느 작은 마을에서 조그만 잔치가 벌어졌습니다. 바로 그 마을에서 태어나 결혼하고 아이를 낳으며, 70년을 함께 살아온 노부부의 결혼 50주년을 축하하기 위한 자리였습니다.

 노부부를 오랫동안 지켜봐 온 마을 사람들은, 그동안 노부부가 한번도 큰소리치면서 싸우는 것을 본 일도, 술자리에서나 빨래터에서 서로를 헐뜯는 소리를 들은 적도 없었습니다. 노부부의 얼굴에선 언제나 잔잔한 미소가 떠나지 않았습니다. 이들 부부는 열심히 밭을 갈아 아이들을 훌륭하게 키웠습니다. 잔치가 열리던 날 노부부의 집 조그만 앞마당은 많은 사람들로 북적거렸습니다.

 노부부의 집은 깔끔하게 정돈되어 있었습니다. 그런데 거실 탁자 위에 놓여진 깨진 꽃병은 잔치 집에 전혀 어울리지 않는 보기 흉한 것이었습니다. 몇몇 아낙들이 그것을 치우려

했지만, 할머니는 한사코 그 자리에 놔둘 것을 부탁했습니다. 이윽고 노부부가 손을 꼭 붙잡고 손님들에게 인사하기 위해 거실로 나왔습니다. 사람들의 따뜻한 박수 속에서 할머니가 먼저 입을 열었습니다.

 "대단치도 않은 일로 많이들 와주셔서 고맙습니다. 남편과 내가 결혼한 지 벌써 50년이나 되었군요. 그 세월이 참 빠르게 느껴집니다. 남편과 제가 이때까지 아무 탈 없이 결혼 생활을 지속해 올 수 있었던 것은, 바로 저 탁자 위의 깨진 꽃병 때문이랍니다. 남편에게 실망을 느낄 때나 여러 가지

어려움에 빠져 괴로울 때, 저 꽃병이 나를 지켜주었지요. 51년 전 늠름한 청년이었던 남편은 제 방에서 청혼을 했습니다. 그때 가슴이 얼마나 뛰었던지, 감격한 나머지 이리저리 돌아다니다 그만 탁자 위의 꽃병을 깨뜨리고 말았습니다. 깨진 꽃병은 그 날의 내가 느낀 감격, 바로 그것입니다. 그래서 그 감격을 늘 되새기기 위해 꽃병을 눈에 잘 띄는 곳에 놓아두었지요."

할머니가 말을 마치자, 사람들의 시선이 모두 탁자 위로 모아졌습니다. 깨진 꽃병은 빛을 받아 너무도 아름답게 빛나고 있었습니다.

지금 괴로움 속에 빠져 있다면, 행복했던 순간을 떠올려 보세요. 여태껏 살아오면서 느꼈던 사랑이나 감동을 떠올린다면, 괴로움은 행복했던 순간의 감동으로 채색되겠지요. 주위에 내가 아는 사람은 항상 웃는 얼굴을 한답니다. 며칠 전에도, 어제도, 오늘도 웃는 얼굴을 하고 있기에, 나는 그 사람에게 다가가 물어보았지요.

"언제나 즐거운 얼굴을 하고 계신데 매일 좋은 일이 있나 보네요."

그러자 그 사람은 이렇게 말했습니다.

"사람 사는 일에 어찌 좋은 일만 있을 수 있겠어요? 다만 기분 나쁜 일이나 속상한 일이 있더라도 즐거운 생각만 하고 살려고 노력하죠."

나는 그때 깨달았습니다. 마음먹기에 따라 우리 인생이 즐거워질 수 있다는 것을 말이지요. 불쾌한 일이 있더라도, 이내 즐겁고 유쾌한 생각을 하도록 노력해야 합니다. 얼굴을 찡그리고 화가 난 얼굴을 한다고 해서 괴로움이 기쁨으로 바뀌진 않지요.

우리는 마음먹기에 따라 하루하루를 지루하게 보낼 수도 있고, 즐겁고 행복하게 보낼 수도 있습니다.

지혜의 소금창고(핸디북)

초판1쇄 발행 | 2007년 10월 30일
초판7쇄 발행 | 2008년 3월 21일

지은이 | 김태광
펴낸이 | 박대용
그린이 | 박병규
펴낸곳 | 도서출판 징검다리

주소 | 413-834 경기도 파주시 교하읍 산남리 292-8
전화 | 031)957-3890, 3891 팩스 | 031)957-3889
이메일 | zinggumdari@hanmail.net

출판등록 | 제10-1574호
등록일자 | 1998년 4월 3일

ISBN 978-89-6146-102-3 03810

＊잘못 만들어진 책은 교환해 드립니다